Dr Pierre Dukan

Photographies de Bernard Radvaner
Stylisme de Anne-Sophie Lhomme

La méthode DUKAN illustrée

Flammarion

Sommaire

Phase 2 : la croisière

Phase 3 : la consolidation

Phase 4 : la stabilisation définitive

Les entrées et amuse-bouches

Les plats

Les desserts

Introduction

Depuis trente-cinq ans, je me bats chaque jour de ma vie de médecin contre le surpoids. J'ai commencé seul, comme un artisan de terrain dans le face-à-face de mes consultations.

J'ai eu la chance, très jeune médecin, de créer le régime des protéines alimentaires. Au fil des années, je l'ai amélioré en l'ajustant aux besoins et aux retours de mes patients. Le régime devint progressivement un plan global qui fut publié en 2001 sous le titre *Je ne sais pas maigrir*. Depuis ce jour, et m'apportant la plus belle récompense imaginable, plus d'un million de lecteurs ont lu ce livre dans plus de 20 pays. Je ne connais pas hélas la proportion de celles et ceux qui ont suivi le régime proposé, encore moins de celles et ceux qui ont atteint leur juste poids, qui l'ont consolidé et surtout qui ne l'ont jamais repris.

Mais je sais que chaque matin, je reçois un courrier chaleureux et toujours croissant de lecteurs ayant bénéficié de ce livre et de sa méthode et qui mettent un point d'honneur à le faire savoir. La diffusion de ma méthode s'est effectuée sur le seul bouche à oreille, sans aucun soutien publicitaire. Aujourd'hui, j'ai conscience que ma méthode ne m'appartient plus en propre, mais à tous les lecteurs qui l'observent et la propagent.

Qui sont-ils ? Principalement des femmes organisées et essaimées aux quatre coins du web. À ce jour, on recense plus de 250 sites, forums et blogs où des volontaires, des anonymes, des bénévoles vivent en direct leur tentative de prise en main de leur poids à l'aide de mon régime. Ce sont elles qui ont fini par donner mon nom à ma méthode. Je n'aurais jamais osé le faire moi-même.

Ce livre et cette méthode s'adressent à ceux qui cherchent à maigrir et qui, confrontés à la multiplicité des régimes, ne savent pas comment et quoi choisir. J'ai répertorié 210 régimes proposés depuis les années 1950 dont 72 de publiés. Quinze seulement ont une cohérence et parmi eux, ne demeurent que 7 grands plans :

- le basses calories, le plus ancien et logique en théorie, le moins efficace en pratique ;

- le Atkins, révolutionnaire, efficace, mais ouvrant la porte au gras et au cholestérol ;
- le Montignac, premier fils de Atkins, avec ses qualités et ses défauts ;
- le Weight Watchers, très novateur par ses réunions, mais desservi par son régime basses calories ;
- le South Beach diet, un bon régime, mais sans réelle stabilisation ;
- la diète protéinée, la plus vendue au monde, la plus antinaturelle, une véritable bombe à regrossir massivement et durablement ;
- la méthode que je propose.

J'ai du mal à l'écrire, tant cela peut paraître immodeste, mais je pense fondamentalement que, de toutes celles proposées à ce jour, c'est, et de très loin, la meilleure d'entre elles. Pour la simplicité de sa configuration, la fermeté de son cadre, son efficacité, sa vitesse de démarrage et la durabilité de ses résultats, pour la simplicité et le naturel de ses 100 aliments à volonté, pour sa facilité d'observance, sa globalité d'action sur tous les fronts du maigrir, elle me paraît être la meilleure façon actuelle de maigrir et surtout de ne pas regrossir.

Je milite pour que cette méthode devienne un standard de référence dans la lutte contre le surpoids dans le monde. Lectrices, lecteurs, je vous fais juges de son efficacité. Dans ce livre, vous trouverez l'intégralité de ma méthode, l'ouverture à l'activité physique enfin prescrite sur ordonnance et un carnet de recettes qui vous permettront de varier à l'infini vos plats au cours de votre régime. Les recettes, c'est la dimension du plaisir sans lequel la lutte contre le surpoids ne se pratique que sous le seul angle de la restriction.

Partez en guerre avec trois mots optimistes en tête : « à volonté », « rapidité », et… « gourmandise » ! Convaincu ? Laissez-vous guider, l'aiguille de votre balance tremble déjà !

Une méthode
qui a fait ses preuves

Quel est le seul groupe d'aliments peu caloriques qui puissent apporter une sensation de satiété au corps sans le fatiguer ? Les protéines.

L'histoire de ce régime

Tout a commencé lorsque j'étais jeune médecin généraliste dans un quartier de Montparnasse. Un de mes patients était obèse. Il semblait s'en accommoder, mais il vint un jour me voir pour que je le fasse maigrir. Je lui répondis tout d'abord que je n'étais pas spécialiste en la matière. Il me rétorqua aussitôt qu'il connaissait bien les spécialistes auxquels je faisais allusion, et qu'il avait testé toutes les méthodes existantes, sans jamais réussir à perdre durablement du poids.

« J'ai à moi seul perdu plus de 300 kg depuis mon adolescence, et comme vous pouvez le constater, j'ai tout repris ! » me dit-il sur un ton de découragement profond.
Et il ajouta : « Je suivrai vos consignes à la lettre, je ferai ce que vous voudrez. Sauf une chose : ne me supprimez pas la viande, j'aime trop la viande ! »

C'est ainsi que l'aventure débuta, lorsque je lui répondis du tac au tac : « Eh bien, pendant 5 jours, ne mangez que de la viande, autant que vous voulez. »

La semaine suivante, mon patient était à nouveau dans mon cabinet et il affichait un sourire rayonnant. Il avait perdu près de 5 kg !

Nous décidâmes donc d'un commun accord de poursuivre l'expérience. Je lui demandai cependant de boire suffisamment, et de faire pratiquer une prise de sang, car je m'inquiétais pour son cholestérol. Une semaine plus tard, son bilan sanguin était parfait, et il avait encore perdu 2 kg…

C'est ainsi que j'ai commencé à me pencher de façon plus précise sur l'intérêt des protéines dans le cadre d'un amaigrissement. Après 20 jours de régime, mon patient avait perdu près de 10 kg, mais il commençait à se lasser de son plat préféré. Nous avons donc ajouté quelques légumes à ses menus, des laitages, des œufs et du poisson.

Je continuai à n'émettre aucune restriction sur les quantités de nourriture, et il appréciait avec bonheur cette liberté, tout en se soumettant de bonne grâce à mes consignes précises : ne consommer que des protéines, et quelques légumes.

Depuis, comme vous pourrez le voir au fil des pages, la méthode s'est affinée grâce aux réactions de mes patients, et j'ai confectionné des recettes simples et pratiques, mais la base est restée la même : c'est avec les protéines animales qu'il est possible de maigrir rapidement, durablement, et sans restriction de quantités.

Avec l'avènement d'Internet, j'ai mêlé mon expérience à celle de mes patients... Les internautes qui naviguent sur mon site me font également partager leur expérience, mes astuces se mêlent à leurs astuces, à mes recettes viennent s'ajouter celles, moins professionnelles, mais tout aussi créatives, de femmes s'exprimant sur les forums. Nous œuvrons ensemble, poursuivant un objectif commun : maigrir dans la gourmandise !
De Zerocomplexe, en passant par Club-Regime ou Regimefacile, toutes les personnes qui ont participé aux forums ont apporté leur pierre à l'édifice. Je ne suis donc pas le seul auteur de ce régime, mes patients en sont les créateurs permanents !

Ce livre est donc l'aboutissement de longues années d'expériences, de tests, d'avancées, dont vous allez pouvoir profiter aujourd'hui.
Si, comme mon premier patient, vous suivez à la lettre les consignes qui vont suivre, il est impossible que vous ne maigrissiez pas rapidement. Vous n'avez pas besoin d'un équipement complexe, seul un pèse-personne est nécessaire. Pas de calcul de calories, pas de balance pour les aliments, pas de tables aux chiffres compliqués.
La lecture des différentes étapes est très simple, car vous n'avez que deux ou trois consignes à mémoriser. Pour le reste, dans ce cadre simple, tout est à volonté.

Avant de nous lancer dans le principe du régime proprement dit, un simple rappel des différents groupes d'aliments est cependant nécessaire, afin que vous ne fassiez pas d'erreur dans le choix de vos ingrédients.

Les lipides, les glucides, les protides

L'ensemble des aliments que nous consommons n'est composé que de trois classes de nutriments : les glucides, les lipides et les protides. La valeur calorique de ces trois nutriments est différente, mais on sait aujourd'hui qu'il est important de ne pas considérer uniquement un aliment par son apport calorique : ainsi, 100 kcal apportées par un morceau de gâteau au chocolat, de poisson ou de vinaigrette, ne sont pas traitées de la même manière par l'organisme. Le profit final de ces calories varie beaucoup en fonction de l'origine de celles-ci. C'est pourquoi il est important de bien connaître les nutriments, afin de faire les bons choix dans le cadre du régime que nous allons débuter ensemble.

Les glucides

Les glucides sont aussi appelés sucres lents ou sucres rapides. Les sucres rapides sont ceux que l'on trouve dans les aliments à la saveur sucrée : les bonbons, les pâtisseries, le vin, le miel, les fruits... Chacun sait qu'ils ne sont pas les amis des régimes... Les sucres lents composent le pain, les pâtes, mais aussi les légumes secs tels que les lentilles ou les haricots secs. On les dit « lents » car le corps les assimile plus doucement que les sucres rapides, qui provoquent, peu de temps après avoir été assimilés, une sensation de faim importante. Sur le plan métabolique, ces derniers favorisent la sécrétion d'insuline, provoquant ainsi la production et le stockage des graisses.
Les glucides ne fournissent que 4 kcal/g, mais on en consomme généralement des quantités importantes pour se sentir rassasié.
Le programme de notre régime exclut totalement les glucides jusqu'à l'obtention du poids désiré. Ils seront seulement réintégrés au cours de la période de consolidation (phase 3). Vous pourrez ensuite en consommer à nouveau en totale liberté six jours sur sept, pendant la phase de stabilisation (phase 4).

Les lipides

Ils sont en général bien connus des candidats aux régimes, car ils sont l'ennemi numéro un de votre ligne. Avec 9 kcal/g, les lipides sont aussi appelés graisses. Ils sont pratiquement absents de notre programme. Les graisses peuvent être d'origine animale : la charcuterie en contient beaucoup, la viande de mouton, d'agneau en est riche. Certaines volailles et certains poissons sont également très gras : le canard, l'oie, le saumon, le thon… Bien entendu, le beurre et la crème contiennent plus de 80 % de lipides.

Les lipides végétaux, comme l'huile d'olive ou de colza, quoique intéressants pour votre santé (ils sont notamment riches en oméga et bons pour votre cœur), seront également proscrits au cours de votre régime.

Les protides

Les sources les plus importantes de protides proviennent des produits animaux : la viande est extrêmement riche en protides (ou protéines). Certains aliments sont pratiquement dépourvus de graisse, et particulièrement intéressants dans le cadre de notre régime : ce sont par exemple les morceaux maigres du bœuf, la dinde, certains abats, les poissons blancs, les crevettes, le crabe… le blanc d'œuf est la source la plus intéressante de protéines. Il est en outre dépourvu de cholestérol. Il est possible de créer avec le blanc d'œuf une infinité de recettes savoureuses et rassasiantes.

Les céréales et les légumineuses contiennent elles aussi des protéines, mais celles-ci sont trop riches en glucides. C'est pourquoi nous ne les retenons pas dans le cadre de notre régime. Au cours du plan d'attaque, vos menus doivent être composés de protéines, uniquement de protéines.

Les protéines, un nutriment vital

Il n'est pas dangereux de consommer uniquement des protéines dans le cadre d'un régime, bien au contraire, car les protéines sont le seul groupe de nutriments que votre corps n'est pas capable de synthétiser seul. Il trouvera les glucides et les lipides nécessaires à son énergie en puisant dans ses réserves. Mais il ne sera pas capable de fabriquer lui-même des protéines, c'est pourquoi un régime qui en serait dépourvu peut être dangereux. En cas d'insuffisance, le corps trouvera les protéines nécessaires à sa survie dans les muscles, la peau, ou même les os. Un régime doit toujours fournir au moins 1 g de protides par jour et par kilo, et les protides doivent être également répartis au cours des trois repas.

L'intérêt des protéines : des preuves scientifiques à l'appui

Les protéines pures réduisent l'appétit

Parce qu'elles ne sont pas facilement digérées, les protéines sont de puissants coupe-faim. En effet, une consommation importante de protéines pures provoque la sécrétion par votre organisme de corps cétoniques, qui vous donneront une sensation de satiété durable. Après trois jours de protéines pures, la faim disparaît totalement. Vous pouvez facilement résister aux grignotages, puisque les fringales ne vous menacent pas.

Les protéines pures réduisent l'apport calorique

Chez l'être humain, la proportion idéale de nutriments (grâce auxquels il pourra tirer la part la plus importante possible de calories pour sa survie) est composée selon la formule suivante : 5 parts de glucides, 3 parts de lipides et 2 parts de protides. Lorsque la composition du bol alimentaire correspond à ces proportions, l'assimilation des nutriments est idéale. Cette assimilation s'opère au travers de l'intestin grêle avec une efficacité maximale. Lorsqu'on inverse les proportions, on perturbe également l'absorption des calories dans l'organisme, ce qui est particulièrement intéressant dans le cadre d'un régime. L'alimentation limitée à un seul des trois nutriments provoque automatiquement une mauvaise absorption des calories. Mais une alimentation exclusivement composée de glucides ou de lipides n'est pas envisageable, car elle mettrait sur le long terme votre santé en péril : augmentation du cholestérol, apparition de diabète, problèmes cardio-vasculaires. Seule une alimentation exclusivement composée de protéines est possible, sans danger pour votre organisme. En proposant au système digestif des repas de protéines, ce dernier a beaucoup de mal à profiter pleinement du contenu calorique des aliments. L'organisme tente alors de puiser uniquement les protéines indispensables à l'entretien des organes et utilise très peu le reste des calories fournies.

Vous brûlez des calories en digérant les protéines !

La digestion des protéines est extrêmement longue. Saviez-vous qu'il faut plus de trois heures pour digérer et assimiler un repas riche en protéines ? Mais ce n'est pas tout : pour extraire les calories des protéines, le corps doit faire un effort important. On a calculé que pour utiliser 100 kcal, il fallait en dépenser 30 ! Le simple fait de digérer réduit donc l'apport calorique d'un repas riche en protéines.

Les protéines pures vous aident à lutter contre la rétention d'eau

Les régimes à base de végétaux, fruits, légumes et sels minéraux favorisent la rétention d'eau. Le régime que vous allez découvrir, basé sur les protéines, est au contraire hydrofuge car il facilite l'élimination urinaire, ce qui est particulièrement intéressant en période de ménopause, ou simplement en période prémenstruelle. Notre programme est donc très intéressant pour la femme, qui a tendance à retenir plus facilement l'eau dans ses tissus. Certaines de mes patientes, peu habituées au surpoids avant la ménopause, se sont ainsi retrouvées avec les chevilles gonflées, les jambes lourdes, le ventre tendu. Les petits régimes qu'elles avaient eu l'habitude de faire au cours de leur vie (par exemple, manger plus léger après une semaine de fête) se révélaient tout à coup inopérants. Le plan d'attaque de notre régime, exclusivement composé de protéines, a fait des miracles sur elles.

Les protéines luttent efficacement contre la cellulite

Les résultats d'un régime protéiné Protal sur la cellulite sont assez spectaculaires. Ces résultats s'expliquent simplement par la capacité hydrofuge des protéines et l'intense filtration des reins. L'eau pénètre dans les tissus, et en ressort gorgée de déchets. La cellulite est désincrustée. C'est pourquoi, nous le répétons, il est indispensable de boire beaucoup tout au long du régime.

Pensez à boire beaucoup pour éliminer les déchets

Le corps ne peut utiliser qu'une partie des protéines que vous lui proposez. Seulement 50 % environ sont assimilables, le reste est éliminé en déchets dans les urines, et peut provoquer une augmentation de l'acide urique. Pour pallier ce petit désagrément, il suffit de veiller à boire suffisamment au cours du régime (2 litres d'eau par jour). Nos études montrent qu'avec une hydratation suffisante, la consommation de protéines ne présente pas de risque particulier. L'addition protéines + eau est même très bénéfique pour déloger la cellulite !

Le régime Dukan

Qu'est-ce que le plan Protal ?

Le plan d'attaque que nous allons vous proposer est appelé ainsi par commodité. Protal est la contraction de deux mots : protéines et alternatives. En effet, il se compose d'un duo de régimes qui fonctionne comme un moteur à deux temps : une période de régime de protéines pures, régime d'attaque, suivie par une période de protéines associées à des légumes, car il faut au corps un temps de récupération afin qu'il digère sa perte de poids. Le plan Protal est donc la base de ce régime.

Par la suite, grâce à l'expérience que je partage avec mes patients, je me suis aperçu que le plan Protal n'était pas totalement suffisant. En effet, une fois le poids perdu, l'objectif atteint, mes patients avaient une propension extrêmement grande à se relâcher totalement, et à reprendre rapidement le poids perdu. C'est pourquoi Protal s'intègre dans un plan d'amaigrissement plus large, composé de quatre étapes qu'il est impossible de dissocier les unes des autres. Attention : le plan est à accepter dans son ensemble, c'est à prendre ou à laisser. Si on saute une étape, on peut être certain que le régime sera voué à l'échec.

En contrepartie, le régime dans son ensemble offre des avantages certains et votre motivation restera à coup sûr au beau fixe, pour 4 raisons :

• Le plan Protal vous propose une liste de consignes très précises, il suffit de les respecter pour réussir.

• Le plan Protal est un régime totalement naturel. Parmi les régimes naturels, c'est le plus performant.

• Le régime Protal n'est pas frustrant, puisque aucune restriction de quantité n'est imposée.

• Il n'est pas possible d'effectuer le plan Protal à moitié : soit on le réussit et on l'accepte dans sa totalité, soit on échoue !

Les quatre grandes étapes du plan Protal

• Phase 1 : les protéines pures

C'est la phase d'attaque de votre régime, qui sera composée uniquement de protéines pures. Le démarrage est foudroyant, et la perte de poids très rapide.

• Phase 2 : protéines + légumes

Après cette période où vous êtes entré en guerre contre vos kilos, s'ensuit une période « de croisière », au cours de laquelle vous opterez pour un régime de protéines alternatives. Vos repas seront composés de légumes et de protéines.
Vous atteindrez ainsi le poids choisi.

• Phase 3 : phase de consolidation

Une fois le poids souhaité obtenu, il est important d'éviter le phénomène de rebond : après toute perte de poids rapide, le corps a tendance à reprendre extrêmement rapidement les kilos perdus. Il s'agit donc d'une période particulièrement délicate, et le régime n'est en aucun cas terminé. Il vous faudra rester 10 jours par kilo perdu en phase de consolidation.

• Phase 4 : phase de stabilisation

La période de stabilisation définitive est tout aussi cruciale, car elle est décisive pour la réussite de votre régime. Des mesures simples seront à appliquer tout au long de votre vie, afin de ne pas reprendre le poids perdu. Vous devrez appliquer le plan Protal à la lettre un jour par semaine, de préférence chaque jeudi. Cette contrainte est le rempart à votre reprise de poids.

Comme vous pouvez le constater, le plan Protal vous prend en charge pour ne plus jamais vous abandonner.

Les quatre phases du régime

PHASE 1
L'attaque avec les protéines pures (PP)

Cette période est la plus motivante, car vous allez voir l'aiguille de la balance descendre à une vitesse vertigineuse, un peu comme si vous jeûniez. Ce plan d'attaque est une véritable machine de guerre.
Vous allez consommer au cours de cette phase les protéines les plus pures possibles, en éliminant au maximum tous les autres nutriments. En réalité, il n'est pas possible d'éliminer totalement les glucides et les lipides de votre alimentation : en effet, à part le blanc d'œuf, il n'existe pas d'aliment exclusivement protéiné. Votre régime regroupera donc un certain nombre d'aliments dont la composition est la plus proche possible de la pureté en protéines, comme par exemple certaines catégories de viandes, de poissons, de fruits de mer, de volailles, d'œufs, de laitages à 0 % de MG.
Durée : cette période peut durer entre 1 et 10 jours, suivant le poids à perdre.

PHASE 2
La croisière avec les protéines alternatives ou protéines/légumes (PL)

Cette deuxième phase est indissociable de la première, car toutes deux fonctionnent ensemble. Vous allez faire alterner des périodes de protéines + légumes verts avec des semaines de protéines pures.
Le premier comme le second de ces régimes offrent la même totale liberté sur les quantités. Tous deux permettent de consommer les aliments autorisés « à volonté », à toute heure…
Nous verrons plus loin à quel rythme alterner ces deux régimes : ceci dépendra du poids que vous avez à perdre, de votre âge, mais également de votre motivation.
Durée : cette phase de croisière doit être conduite sans pause jusqu'à l'obtention du poids recherché.

PHASE 3
La consolidation du poids obtenu

La mission essentielle de cette phase est de rouvrir l'alimentation et de vous stabiliser. Vous allez pouvoir vous nourrir de façon plus variée. Mais il va falloir éviter l'effet rebond et le risque de reprise de poids. Votre organisme va tenter de résister, surtout si la perte de poids que vous venez d'effectuer a été importante. Il va réagir face au pillage de ses réserves en tentant d'en stocker à nouveau : pour cela, il va réduire au minimum ses dépenses d'énergie, et assimiler le plus possible tout aliment consommé. Un repas copieux qui n'aurait eu que peu d'effet avant le début du régime sera lourd de conséquences au cours de cette période.

C'est pourquoi les quantités d'aliments plus riches seront limitées afin d'attendre sans risque le retour au calme des métabolismes, et la fin de l'effet rebond, qui est l'une des causes les plus fréquentes de l'échec des régimes amaigrissants.

Durée : elle est liée à l'importance du poids perdu et se calcule très simplement : 10 jours de consolidation par kilo de poids perdu.

PHASE 4
La stabilisation pour toujours

Nous l'avons vu, les personnes qui ont connu le surpoids savent très bien que même après un régime, il ne leur sera pas possible d'acquérir l'équilibre et la mesure alimentaire que la plupart des nutritionnistes, avec raison, conseillent comme garantie de préservation du poids perdu. C'est pourquoi il est important d'encadrer la personne qui vient d'achever sa phase de consolidation, en tenant compte de sa personnalité d'ancien « gros ».

Protal, dans cette quatrième phase, impose une journée hebdomadaire du régime d'attaque initial (généralement le jeudi).

Durée : aussi longtemps que possible ; mieux, le reste de votre vie… Les quelques mesures de la phase 4 vous permettront de manger comme tout le monde sans reprendre de poids.

Un régime riche en eau

Parce que les protéines, lorsqu'elles sont digérées, font passer dans l'organisme des déchets sous la forme d'acide urique, il est important de boire au moins 1,5 litre d'eau par jour.
D'autre part, l'eau améliore l'efficacité de ce régime : maigrir, c'est brûler des calories, mais c'est aussi éliminer. Comme n'importe quelle combustion, l'énergie brûlée au cours d'un régime engendre des déchets, il faut les éliminer. Le fait de ne pas boire peut freiner votre perte de poids, mais aussi être toxique pour votre organisme.

Un régime modéré en sel

Le régime Protal est hydrofuge, il lutte donc efficacement contre la rétention d'eau.
Une alimentation trop salée retient l'eau dans les tissus : n'oubliez pas que 1 litre d'eau pèse 1 kg, et que 9 g de sel ont la capacité de retenir 1 litre d'eau dans les tissus !

Où se procurer du son d'avoine ?

Vous le trouverez dans toutes les boutiques diététiques ou bio. Choisissez-le brut, sans le germe.
Le son d'avoine est très bon marché, ce qui est rarement le cas des produits de régime.

Le son d'avoine

Le régime Dukan s'appuie aussi sur un aliment phare : le son d'avoine. C'est pour moi l'aliment le plus protecteur de la santé au monde.

Le son d'avoine améliore en douceur le transit intestinal

Il existe dans la nature deux types de fibres : les fibres solubles (présentes dans la pectine de la pomme ou dans le son d'avoine) et les fibres insolubles. Les fibres insolubles, comme celles du son de blé, peuvent être très irritantes pour les intestins fragiles. Les fibres solubles sont au contraire beaucoup plus douces : elles se transforment en une sorte de gel et facilitent le transit, tout en emportant avec elles une petite partie des calories de l'aliment consommé. Absorbé quotidiennement, le son d'avoine vous aide à garder la ligne : les petites eaux font les grandes rivières. Pour ceux qui y sont très sensibles et très réactifs, il est possible de consommer le son en l'attendrissant encore par un trempage dans du lait pendant une demi-heure.

Le son d'avoine rassasie

Il gonfle au contact de l'eau et occupe vingt à trente fois son volume dans l'estomac. Le ventre est donc bien rempli et longtemps occupé.

Le son d'avoine est amaigrissant

Il a cet extraordinaire pouvoir de confisquer des calories dans l'intestin grêle et de les entraîner avec lui dans les selles. Cette déperdition calorique n'est pas très importante, mais elle est renouvelable et finit par devenir significative sur la durée. De plus, le son d'avoine optimise sans violence le transit intestinal qui est souvent ralenti au cours des régimes.

Le son d'avoine réduit le taux de cholestérol

De nombreuses études ont déjà montré l'importance des fibres par rapport au taux de cholestérol, et le son d'avoine est, de très loin, celui qui a le meilleur impact sur le taux sanguin de cholestérol. Associé à une alimentation équilibrée, le son d'avoine réduit le taux de cholestérol de manière significative. Sa consommation est recommandée dans la prévention des maladies cardio-vasculaires.

Le son d'avoine protège du diabète

En ralentissant la vitesse du passage des sucres rapides dans le sang, il réduit aussi la sécrétion d'insuline et la fatigue du pancréas.

Le son d'avoine protège du cancer du côlon

Si la prise est quotidienne, et s'il est associé à une bonne hydratation, le son d'avoine protège les parois de l'intestin. Notre intestin est un filtre, et ce filtre peut s'encrasser : pollution, alimentation déséquilibrée, pesticides, intolérances alimentaires… les parois de l'intestin peuvent être irritées. Le son d'avoine joue un rôle d'éponge intestinale. Il absorbe et nettoie, dans la mesure où la prise est quotidienne.

Peut-on consommer plusieurs doses de son d'avoine par jour ?

En période d'amaigrissement proprement dit, phase d'attaque puis phase de croisière jusqu'à atteinte du juste poids, l'idéal est de ne pas dépasser 2 cuillerées à soupe de son par jour.

- 1 cuillerée à soupe par jour n'est pas simplement autorisée, mais conseillée.
- 2 cuillerées augmentent légèrement cet effet et fluidifient votre travail intestinal.
- 3 cuillerées améliorent encore ces actions, mais commencent à avoir un effet calorique.

À partir de votre entrée en stabilisation (phase 4), vous pouvez passer à cette dose quotidienne.

Questions - Réponses

Dois-je me faire suivre par un médecin durant le régime Protal ?

→ Si vous avez moins de 50 ans, que vous êtes robuste, que vous n'avez aucune affection en cours, aucun facteur de risque cardiaque, rénal, que vous n'êtes pas dépressif, insulino-dépendant, anorexique ou boulimique, il n'y a aucune raison de vous inquiéter, surtout si vous vous servez de l'un des meilleurs atouts du régime Dukan : le libre accès aux quantités d'aliments riches en protéines et légumes.

→ À partir de 50 ans, il est bon de consulter votre médecin pour un examen général avec un petit bilan biologique pour déceler une éventuelle paresse thyroïdienne et des problèmes hormonaux avec rétention d'eau.

→ L'idéal est d'avoir un médecin qui vous connaît suffisamment pour vous aider à bien suivre votre régime, à prendre votre tension artérielle et à déchiffrer votre prise de sang. Maigrir est un acte difficile et antinaturel. Toute aide est donc bienvenue et précieuse.

Puis-je utiliser les poudres et les barres protéinées ?

C'est impossible, pour deux raisons :

→ La plupart des barres vendues dans le commerce sont très riches en glucides et leur teneur en protéines est beaucoup trop faible par rapport à ce qui est préconisé dans le régime. Lorsque vous ne pouvez pas cuisiner, optez pour des aliments faciles à manger, comme le jambon de poulet, le dindonneau ou les surimis. Vous pouvez aussi remplir votre réfrigérateur de fromage blanc et de yaourts à 0 %.

→ Seules les protéines de synthèse en poudre ont une teneur suffisante, or notre programme ne fonctionne pas avec des protéines en poudre, mais avec de vraies protéines naturelles. En phase de stabilisation, et uniquement en dépannage, vous pourrez utiliser des protéines en poudre qui contiennent au moins 95 % de protéines.

Comment concilier régime et cholestérol ?

→ Il faut simplement accorder une attention particulière aux œufs. Si vous n'avez pas un cholestérol menaçant, vous pouvez prendre un œuf entier par jour. Si votre taux de cholestérol est un peu trop élevé, utilisez seulement les blancs pour cuisiner. Dans ce cas, faites votre galette d'avoine (voir recette p. 42) avec uniquement le blanc. Sinon, prenez autant de blancs d'œufs que vous voulez et limitez les jaunes à quatre par semaine.

J'ai tendance à sauter des repas, vais-je accélérer ainsi mon régime ?

→ Bien au contraire : il ne faut surtout pas sauter de repas, c'est le type même de l'action contre-performante, à éviter absolument. Si vous avez par exemple sauté le déjeuner, il y a tout d'abord de grandes chances pour que vous vous retrouviez avec la faim au ventre vers 17 heures, une heure où vous allez sans doute vous ruer sur une barre chocolatée. Imaginons cependant que vous ayez réussi à tenir jusqu'au dîner. Vous allez immanquablement manger plus et choisir des aliments plus gratifiants – féculents, pains, produits gras... Et c'est votre corps lui-même qui va vous pénaliser en profitant de ce que vous lui apportez. En mangeant à chaque repas, le corps tire un profit raisonnable des aliments. Imaginons qu'il en soutire 70 à 75 %. Si vous avez sauté le déjeuner, non seulement vous mangerez bien plus par la suite, mais votre corps en profitera à 95 %. Vous êtes finalement perdant sur tous les terrains.

En bref… la méthode Dukan en 12 points clés

❶ Efficacité

Je ne connais personne qui, l'ayant suivie avec motivation et confiance, n'ait maigri, obtenu son juste poids, ne l'ait consolidé et stabilisé.

❷ Vitesse d'action

Son démarrage dès l'attaque est foudroyant et apte à entretenir, voire à décupler la motivation.

❸ Simplicité

100 aliments, 72 protéinés, 28 légumes.

❹ Absence de faim

Les 100 aliments sont assortis de la mention « à volonté ».

❺ Une structure forte assise sur 4 phases

Un encadrement précis et fort sur lequel s'appuyer, une feuille de route non négociable difficile à transgresser.

❻ Le juste poids de chacun

Ce concept permet à chaque personne en surpoids qui s'apprête à maigrir de calculer son bon et juste poids. Un poids « atteignable et conservable ».

7 Méthode naturelle

Les 100 aliments de ma méthode sont fondamentalement humains, ceux des origines, ceux du chasseur cueilleur.

8 Contrat de stabilisation

Trois mesures simples, concrètes, prescrites à vie.

9 Plan didactique

Maigrir en apprenant à maigrir par adoption instinctive de l'importance des aliments en fonction de leur introduction.

10 Concept d'APPSO

« Activité physique prescrite sur ordonnance » : manière radicalement neuve de prescrire le deuxième moteur du maigrir.

11 Extension de la méthode à la personnalisation

Un plan d'amaigrissement a de bien meilleures chances de succès s'il est personnalisé. Avec Internet, c'est désormais possible (voir p. 128).

12 Extension de la méthode au suivi et au coaching on line

Le suivi, jour après jour, kilo après kilo, est enfin sur le Net. La méthode y devient interactive par le dialogue des consignes du matin et du compte-rendu du soir de l'utilisateur (voir p. 129).

Phase 1 : **l'attaque**

La phase des protéines pures est fulgurante.
En la suivant, vous êtes aux commandes d'un bulldozer qui écrase toutes les résistances sur son passage.
Montez à bord !

Les objectifs de la phase 1

Une seule consigne à suivre : ce qui est autorisé l'est à volonté

Dans les pages qui suivent, vous trouverez une liste d'aliments autorisés (voir p. 38). Ils sont à vous, vous pourrez les consommer à volonté. Les autres, oubliez-les momentanément.

Veillez à boire au moins 1,5 litre d'eau par jour. En buvant davantage, vous aurez la sensation d'être « occupé » et plus vite rassasié. Vous urinerez beaucoup, car n'ayant pas l'habitude de boire autant, vos reins seront contraints d'ouvrir leurs vannes et d'éliminer. Vous allez très vite ressentir une grande légèreté : votre visage va s'affiner, vos bagues vont glisser sur vos doigts dégonflés !

Le cap des trois premiers jours

Le régime d'attaque joue sur l'effet de surprise : le corps va devoir s'adapter à une nouvelle alimentation.

• Le premier jour de ce régime d'attaque

C'est un jour d'adaptation et de combat. Bien sûr, il laisse la porte largement ouverte à de nombreuses catégories d'aliments usuels et savoureux, mais il la ferme à beaucoup d'autres que vous avez l'habitude de consommer. Pour démarrer votre régime, choisissez de préférence un jour où vous pourrez vous reposer, et être libre de vous alimenter comme bon vous semble : un début de week-end peut être l'idéal, à vous de voir selon le rythme de votre semaine.
La sensation de restriction sera très forte au cours des trois premiers jours. Pour y pallier et passer le cap, veillez à remplir votre réfrigérateur d'aliments autorisés. Vous pourrez ainsi profiter pleinement des possibilités de ce régime qui, pour la première fois, permet de manger « à volonté » des aliments aussi denses et précieux que de la viande de bœuf ou de veau, du poisson, quel qu'il soit, y compris le saumon fumé, le thon en boîte, le haddock, le surimi... Les huîtres, les

langoustines, les œufs brouillés, l'infinie gamme des laitages allégés, des jambons dégraissés, sans oublier les flans au lait écrémé, vous avez le choix ! Le premier jour, mangez donc davantage. Remplacez les qualités qui manquent par de la quantité.

• Le deuxième jour

Une légère fatigue peut se faire sentir durant les deux premiers jours, avec une moindre résistance pour tous les efforts prolongés. Votre corps est « pris par surprise » au cours du régime d'attaque, il brûle sans compter ni résister. Ce n'est donc pas le moment de lui imposer des dépenses intenses. Évitez pendant cette période les exercices violents, les sports extrêmes.

• À partir du troisième jour

La fatigue cesse et laisse habituellement la place à une impression d'euphorie et de dynamisme que renforcent encore les messages encourageants que vous annonce votre balance. La faim disparaît. Cette disparition surprenante est liée à la libération accrue des fameux corps cétoniques, le plus puissant des coupe-faim naturels. Elle peut être également due à une lassitude pour ceux qui ne sont pas des passionnés de viande et de poisson : la monotonie a un effet très marqué sur l'appétit. Les fringales et les compulsions sucrées disparaissent après ce troisième jour.

Une perte de poids décisive

Véritable déclic psychologique et surprise métabolique, cette phase d'attaque devrait vous permettre de perdre vite et bien le maximum de poids que votre corps peut perdre pendant cette courte durée. Vous en serez vous-même surpris.

Remédier à la constipation

La constipation est due au fait que les aliments protéinés contiennent très peu de fibres. Achetez du son d'avoine et mettez-en dans vos yaourts. Vous pouvez aussi prendre en fin de repas principal 1 cuillerée à soupe d'huile de paraffine (vendue en pharmacie). Et surtout, buvez autant que prévu, car si l'eau est bien connue pour faire uriner, elle hydrate et ramollit aussi les selles, améliore le rendement des contractions et facilite le transit intestinal.

La sensation de bouche sèche

Haleine forte, sensation de bouche sèche sont des symptômes spécifiques à tout régime amaigrissant et seront un peu plus marqués ici que pour des régimes d'allure plus progressive. Ils signifient donc que vous êtes en train de maigrir et vous devez accueillir avec satisfaction ces messages de succès. Buvez davantage pour les atténuer, et mâchez un chewing-gum sans sucre.

Les règles de la phase 1

Combien de temps ?

Le régime d'attaque sera composé de protéines pures. La durée de cette étape varie selon votre âge, le poids que vous avez à perdre, le nombre de régimes que vous avez testés auparavant. Voici quelques pistes pour vous aider à poser clairement votre objectif, et vous y tenir.

• Pour une perte de moins de 5 kg

Il est recommandé d'éviter un démarrage trop rapide : une seule journée peut suffire. Cette première journée dite d'ouverture bénéficie d'un effet de rupture qui surprend l'organisme et permet une perte de poids surprenante et suffisamment encourageante pour lancer le régime.

• Pour une perte de moins de 10 kg

Je vous propose d'ouvrir par un régime d'attaque de 3 jours, ce qui vous permettra de passer sans effort à la phase des protéines alternatives.

• Pour une perte de 10 à 20 kg

La durée du régime d'attaque est alors de 5 jours, c'est le temps qui permet au régime de fournir les meilleurs résultats sans développer de résistance métabolique ni lasser celui qui le pratique. C'est la durée la plus courante de cette phase.

• Pour une perte de plus de 20 kg

Pour les obésités majeures, lorsque la perte recherchée dépasse les 20 kg, il est possible de porter la phase de protéines pures à 7 jours voire même 10 jours, après avis médical. Vous pouvez également suivre cette consigne (après avoir consulté votre médecin) si vous avez suivi de très nombreux régimes. Votre organisme risque en effet d'être récalcitrant. Il est dans ce cas absolument impératif de boire au moins 1,5 litre d'eau par jour.

Trois repas par jour

Même si le principe du régime se base sur une possibilité d'aliments à volonté selon la liste que nous indiquons, il est cependant important de conserver un rythme général normal, composé de trois repas. Tout d'abord, si vous sautez un repas, votre organisme se « vengera » au prochain repas : vous risquez de craquer pour des aliments qui ne sont pas autorisés et votre corps, qui par définition n'aime pas la frustration, stockera d'autant plus les aliments que vous lui proposerez.

Pesez-vous !

Pesez-vous très souvent au cours de la phase d'attaque, cela vous remontera le moral : d'heure en heure, vous allez constater que l'aiguille de votre balance penche vers la gauche. Votre balance est votre amie, elle va vous encourager pendant la phase d'attaque et vous aider à rester vigilant pendant les phases de consolidation et de stabilisation.

Comment tenir le cap ?

• Lisez et relisez très attentivement la liste d'aliments autorisés, créez-vous une liste de courses avec ceux que vous aimez. Ne vous fiez qu'à cette liste. Suivez la consigne qui se résume en deux lignes : viandes maigres, poissons et fruits de mer, volailles, jambons, œufs, laitages maigres et eau.

• Mangez aussi souvent que vous le désirez, le régime autorise la quantité, profitez-en !

• Ne sautez jamais de repas, ce serait une grave erreur : vous allez manger plus au repas suivant, ou pire, craquer pour des aliments interdits. Et votre corps vous fera payer cher cette restriction supplémentaire.

• Buvez beaucoup, et à chaque fois que vous mangez. Pour bien éliminer, vous devez absolument boire au moins 1,5 litre d'eau par jour. L'eau vous aidera également à vous sentir rassasié.

• Remplissez votre réfrigérateur ! Si les protéines viennent à manquer et que vous avez faim, vous allez vous jeter à corps perdu sur un aliment interdit. Alors, faites vos courses régulièrement afin de ne pas avoir à vous priver.

Quels seront les moments difficiles ?

Les trois premiers jours peuvent être une étape délicate, car votre corps doit s'habituer à ce nouveau mode d'alimentation.

Vous allez devoir surmonter la faim, qui s'estompe dès le troisième jour, vous sentir constipé, mais tout rentrera rapidement dans l'ordre grâce au son d'avoine.

C'est aussi au cours des trois premiers jours que l'envie de saveurs sucrées peut être intense. Tenez bon, trois jours ce n'est pas le bout du monde. Si vous réussissez à passer le cap, la faim, ainsi que les envies compulsives de sucre vont s'évanouir avec l'évolution de votre régime.

Les protéines pures

De quoi s'agit-il ?

Parmi les aliments que nous consommons, seul le blanc d'œuf est composé de protéines pratiquement pures. Il existe cependant un certain nombre d'aliments qui se rapprochent de la perfection que nous recherchons, c'est pourquoi vous allez retrouver dans la liste des aliments autorisés au cours de cette phase 1 les protéines suivantes, qui sont extrêmement riches en protéines pures :

- la viande de cheval (à l'exception de la hampe) ;
- la viande de bœuf (sauf l'entrecôte, la côte, ainsi que tous les morceaux pour le pot-au-feu) ;
- le veau ;
- la volaille (à l'exception du canard et de l'oie) ;
- les poissons ;
- les crustacés et les coquillages ;
- les œufs ;
- les laitages maigres.

La loi du tout ou rien

L'efficacité de cette phase 1 est entièrement liée à la sélection des aliments : le régime sera foudroyant tant que l'alimentation sera limitée à cette catégorie d'aliments. Mais attention, si vous ne respectez pas à la lettre cette consigne, votre régime sera ralenti, voire bloqué ou anéanti. Il ne faut donc vous autoriser aucun extra : si un petit carré de chocolat après votre grillade vous paraît anodin, pour votre organisme, cela change tout : le principe du régime, comme nous l'avons expliqué plus haut, se base sur le fait que votre corps va devoir digérer seulement des protéines. Si vous introduisez des sucres ou des lipides dans votre journée, le jeûne protéique sera mis en échec.

Il est donc impossible de faire ce régime à moitié. Protal répond à une loi du tout ou rien : son efficacité métabolique est en jeu si vous décidez de le pratiquer « un peu ».

En revanche, si vous respectez à fond cette unique consigne, alors votre régime poussera votre corps à :

- brûler des calories pour digérer les protéines ;

- digérer plus lentement les aliments protéinés ;
- puiser très vite dans ses réserves sans amoindrir ni votre musculature ni votre squelette ;
- éliminer et se débarrasser de la cellulite ;
- combattre l'œdème et la rétention d'eau ;
- réduire son appétit.

Courage, cette étape n'est pas très longue, alors tenez-vous-y à fond !

Un régime idéal contre la rétention d'eau

Vous pouvez également utiliser la phase des protéines pures si vous sentez, au cours de votre vie, que les kilos vous gagnent peu à peu. Deux ou trois jours de protéines pures peuvent remettre votre corps sur le droit chemin. Cette remarque s'adresse plus particulièrement aux femmes qui se sentent « gonflées » en fin de cycle, ou aux femmes qui, à la cinquantaine, voient leur corps se transformer alors qu'elles ne mangent pas plus que d'habitude. En effet, chez la femme, le mécanisme de prise de poids est plus complexe que chez l'homme, et il est souvent associé à une rétention d'eau. Quelques jours de protéines pures vont vous permettre de ne plus vous sentir « bouffie » : cette phase du régime combat efficacement les jambes lourdes, les doigts boudinés... au-delà de ce qu'affiche la balance, vous allez réellement retrouver la ligne : votre silhouette sera transformée.
Tout au long de votre vie, après avoir suivi votre régime, vous pourrez bénéficier des bienfaits de la phase 1 grâce aux jeudis protéinés, que nous instaurerons en phase de consolidation.

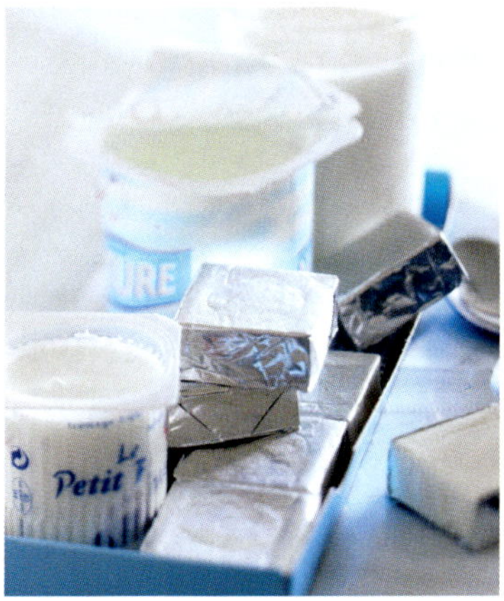

La prise de poids à la ménopause

Il est évident que la ménopause est une période très délicate dans la vie d'une femme en matière de poids, mais il ne faut pas baisser les bras. L'important est d'agir dès que les premiers kilos commencent à s'installer.
Dans ce cas, un jeudi protéiné par semaine, ou deux jours tous les quinze jours peuvent suffire pour vous maintenir à votre poids idéal.
Pour les autres jours, évitez de boire trop d'eau et levez le pied sur le sel, afin de limiter la rétention d'eau.
À ce sujet, écartez les plats tout prêts industriels, qui apportent à eux seuls près de 90 % du sel que nous consommons !

Les 72 aliments autorisés en attaque

Ayez toujours sous la main ou au réfrigérateur un large choix des catégories d'aliments qui vont devenir vos amis et vos aliments fétiches. Emportez-les avec vous dans vos déplacements car la plupart des aliments protéinés nécessitent une préparation et, contrairement aux glucides et aux lipides, se conservent moins bien et ne se trouvent pas aussi facilement que des biscuits ou du chocolat dans les placards ou les tiroirs.

Avant de consommer un aliment, assurez-vous qu'il figure sur la liste p. 38. Ne manquez jamais des aliments nécessaires à votre régime. Pour être bien sûr de vous, conservez cette liste avec vous pendant la première semaine, elle est simple et se résume en deux lignes : viandes maigres et abats, poissons et fruits de mer, volailles, jambons et œufs, laitages et boissons.

Les viandes maigres

• Le bœuf

Tous les morceaux à rôtir ou à griller sont autorisés, notamment le steak, le filet, le faux-filet, le rosbif, les morceaux du boucher.

• Le steak haché

Cru, préparations en tartare ou en carpaccio à confectionner sans huile. À préparer en boulettes amalgamées à un œuf, des herbes, des câpres et cuites au four.

Steak congelé autorisé, mais veillez à ce que sa teneur en matières grasses ne dépasse pas les 10 % de MG, le 15 % est trop gras pour la période d'attaque.

• Le veau

Les morceaux conseillés sont l'escalope et le rôti de veau. La côte de veau est autorisée, à condition de la débarrasser de la panne grasse qui l'entoure.

Comment préparer la viande ?

La préparation de ces viandes doit s'effectuer sans utiliser de matières grasses, sans beurre, sans huile ni crème, même allégée. La cuisson conseillée est la grillade, mais ces viandes peuvent aussi être rôties au four ou à la rôtissoire, préparées en papillote ou même bouillies. Le degré de cuisson est laissé à l'appréciation de chacun, mais il faut savoir que la cuisson dégraisse progressivement la viande, la rapprochant ainsi de l'idéal de la protéine pure que sous-entend ce régime. N'hésitez pas à utiliser les épices pour éviter une certaine monotonie.

• Le cheval

C'est une viande saine et très maigre. Consommez-la de préférence au repas du midi, car elle est extrêmement tonifiante.

• Le lapin

Viande maigre que l'on peut consommer rôtie ou cuite à la moutarde et au fromage blanc maigre.

Les abats

Vous pourrez consommer la langue de veau et d'agneau ainsi que le foie. Ce dernier contient de nombreuses vitamines, extrêmement utiles en cours de régime amaigrissant. Attention cependant au cholestérol : à consommer avec modération pour les sujets à risque.

Les poissons

Pour cette famille d'aliments, il n'y a aucune restriction ou limitation. Tous les poissons sont autorisés, qu'ils soient gras ou maigres, qu'ils soient blancs ou bleus, qu'ils soient frais ou congelés ou en conserve au naturel (pas à l'huile), ou qu'ils soient fumés ou séchés.

• Tous les poissons gras et bleus

Ils sont tous autorisés, notamment la sardine, le maquereau, le thon, le saumon…

• Le poisson fumé

Le saumon fumé, bien que gras et luisant, n'est guère plus gras qu'un steak à 10 % de MG. Il en va de même de la truite fumée, de l'anguille ou du haddock.

• Le poisson en conserve

Très utile en cas de repas rapide ou en encas, il est autorisé s'il s'agit de conserve au naturel comme le thon, le saumon, le maquereau au vin blanc consommé sans sa sauce.

• Le surimi

Préparation à base de poisson blanc extrêmement maigre. Elle est parfaitement autorisée car d'un usage très pratique, facile à transporter.

Comment préparer le poisson ?

Le poisson doit se préparer sans adjonction de matière grasse. Arrosez de citron et saupoudrez d'aromates, ou passez-le au four farci d'herbes et de citron. Vous pouvez aussi le cuisiner à la vapeur ou, mieux, en papillote pour conserver l'intégralité des sucs de cuisson.

Les fruits de mer

Crevettes grises et roses, gambas, crabe, tourteau, bigorneaux, homard, langoustines, huîtres, moules, coquilles Saint-Jacques peuvent être consommés à volonté. Ils donneront un air de fête au régime.

Les volailles

Toute la volaille est autorisée, sauf les volatiles à bec plat, canard et oie. Attention : ne consommez pas la peau.

• Le poulet

Entre les différents morceaux, la partie la plus maigre est le blanc, devançant la cuisse puis l'aile.

• La dinde

Sous toutes ses formes, en escalope à la poêle ou sa cuisse rôtie au four et truffée d'ail.

Les jambons dégraissés et découennés

Dégraissés, découennés, allégés en matière grasse. Sous cette forme, vous pouvez opter pour le porc ou la dinde, car ils ne contiennent que 4 à 2 % de matière grasse. Ils sont pratiques pour déjeuner sur le pouce.

Les œufs

• Les œufs entiers

Ils se consomment durs, à la coque, cuits sur le plat, en omelette ou brouillés sur une poêle en silicone, c'est-à-dire sans adjonction d'huile ni de beurre.

• Le blanc seul

Les œufs sont riches en cholestérol et leur consommation excessive est déconseillée chez les sujets qui en présentent un taux sanguin anormalement élevé. Il est conseillé de limiter sa consommation à 3 ou 4 jaunes d'œufs par semaine, le blanc, protéine pure par excellence, pouvant être utilisé sans aucune restriction. Dans ces cas, il peut aussi être utile de confectionner ses omelettes et ses œufs brouillés en utilisant un jaune pour deux blancs.

Les laitages maigres

• Les laitages nature à 0 % de MG

Yaourt, fromage blanc, petit-suisse, faisselle… vous pouvez les consommer à volonté.

• Les laitages à 0 % de MG aromatisés (vanille, noix de coco, citron…)

Consommables à volonté.

• Les laitages maigres fruités mais non sucrés

Ils sont tolérés en phase 1, mais mieux vaut les éviter. L'idéal en attaque est de ne pas en prendre, mais un voire deux peuvent être tolérés.

• Le lait écrémé

Frais ou en poudre, il est autorisé et peut améliorer la saveur ou la consistance du thé ou du café. Il peut participer à la confection de sauces, crèmes, flans ou préparations diverses.

Les boissons

Il est absolument indispensable de boire au moins 1,5 litre de liquide par jour au cours de votre régime. Ceci n'est pas une recommandation, mais une obligation. La quantité de liquide n'est pas négociable, pour deux raisons :

Que boire ?

Toutes les eaux sont autorisées, notamment les eaux de source légèrement diurétiques comme l'eau de Contrexéville, de Vittel, d'Évian ou de Volvic. Pour les seniors, la meilleure est la Contrexéville pour sa teneur en calcium, en magnésium et pour sa biodisponibilité.

Si vous n'aimez pas l'eau plate, vous pouvez sans inconvénient boire de la Vittelloise, de la Salvétat ou du Perrier, bulles et gaz n'ont aucune incidence sur ce régime. Évitez cependant l'eau de Vichy et de Badoit, la San Pellegrino et la Quézac qui sont d'excellentes eaux mais trop salées pour ce régime. Un verre si vous y tenez, mais pas plus.

Vous avez droit aux boissons light (Coca-Cola light, Coca-Cola Zéro et autres light).

Pensez aussi au thé, à la tisane et à la chicorée.

Les édulcorants

Le sucre est interdit, mais l'aspartam est autorisé sans aucune restriction. Attention, l'aspartam en poudre perd une partie de son pouvoir sucrant s'il est chauffé. Ne le faites pas cuire.

• Lorsque l'organisme digère les protéines, celles-ci libèrent sous la forme d'urée une grande quantité de déchets dans votre corps. Pour éliminer ces déchets, il est indispensable de boire suffisamment.

• Au cours du régime, votre organisme va éliminer les graisses stockées. L'eau va aider votre corps dans cette opération. En buvant abondamment, vous effectuez un drainage intense.

Votre amaigrissement, même parfaitement conduit, cessera si vous ne buvez pas assez : les déchets issus de la combustion des graisses s'accumuleront au lieu d'être éliminés.

Les assaisonnements et les condiments

Vous retrouverez la liste exhaustive des condiments auxquels vous avez droit p. 41.

• Le sel

Il est autorisé, mais son usage doit rester modéré, surtout si vous souffrez de rétention d'eau. Si vous êtes en phase de ménopause ou préménopause, évitez-le ou privilégiez des sels diététiques peu iodés.

• L'huile

Si certaines huiles, telles que l'huile d'olive, ont la réputation justifiée d'être favorables au cœur et aux artères, elles n'en sont pas moins des huiles et des lipides purs qui n'ont pas leur place dans ce régime de protéines pures. En revanche, l'huile de paraffine est tolérée pour la préparation des vinaigrettes. Attention, ne la cuisez surtout pas. Utilisez-la en petites quantités et coupée à de l'eau de Perrier qui l'allégera et réduira son pouvoir huilant très élevé : très lubrifiante, l'huile de paraffine risque d'accélérer fâcheusement le transit intestinal. Préparez votre vinaigrette avec le mélange suivant : 1 dose d'huile de paraffine + 1 dose d'eau pétillante + 1 dose de moutarde + 1 ou 2 doses de vinaigre.

• Le vinaigre

Il est particulièrement présent dans ce régime. Privilégiez des vinaigres forts en goût comme le balsamique et le xérès et évitez les tout premiers prix : il existe des vinaigres balsamiques peu chers qui contiennent du caramel, et donc beaucoup de sucres…

• Le jus de citron

Il peut être utilisé pour parfumer poissons ou fruits de mer, mais ne peut être consommé sous forme de citron pressé ou de citronnade, même non sucré, car, dès lors, il ne s'agit plus d'un condiment mais d'un fruit, acidulé certes, mais sucré et non compatible avec les protéines pures.

• La moutarde

Elle doit être consommée avec modération durant cette phase d'attaque. Si vous souffrez de rétention d'eau, il existe des moutardes sans sel.

• Les cornichons, les oignons

Ils sont permis s'ils sont utilisés comme condiments, mais sortent du cadre du régime des protéines pures si les quantités utilisées sont telles qu'il faille les considérer comme des légumes. Gare aux dérapages à l'apéritif ou au restaurant…

• Le ketchup ordinaire

Il n'est pas autorisé, car il est à la fois très sucré et très salé, mais il existe des ketchups de régime non sucrés qui peuvent être utilisés en quantités modérées.

Les aromates et les épices

Thym, ail, persil, oignon, échalote, ciboulette… ainsi que toutes les épices sont non seulement autorisés, mais vivement conseillés. Leur usage permet d'enrichir la saveur des aliments consommés. Vous vous sentirez ainsi rassasié, et satisfait du mets que vous venez de savourer.

Que manger en phase 1 ?

Viandes

Autorisés	**Interdits**
Cheval	Agneau
Côte de veau (sans la panne grasse)	Côte de bœuf
Escalope de veau	Entrecôte
Faux-filet de bœuf	Hampe de cheval
Filet de bœuf	Porc
Lapin	
Rosbif	
Rôti de veau	
Steak de bœuf	
Steak haché (à 10 % de MG max.)	

Abats

Autorisés	**Interdits**
Foie de veau	Langue de bœuf
Foie de volaille	
Langue d'agneau	
Langue de veau	
Rognon de veau	

Charcuterie

Autorisés	**Interdits**
Jambon de porc	Jambon cru
Jambon de dinde	Jambon fumé
Jambon de poulet	
Viande des Grisons	

Poissons

Autorisés	**Interdits**
Cabillaud	Maquereau à la moutarde
Colin	Sardine à l'huile
Daurade	Thon à l'huile
Empereur	
Espadon	
Flétan	
Flétan fumé	
Haddock	
Lieu	
Limande	
Loup	
Maquereau	
Merlan	
Mérou	
Mulet	
Raie	
Rouget	
Sardine	
Saumon	
Saumon fumé	
Sole	
Surimi	
Thon	
Thon au naturel	
Turbot	

Fruits de mer

Autorisés	Interdits
Araignée	
Bulot	
Calmar	
Clovisse	
Coque	
Coquille Saint-Jacques	
Crevette rose	
Crevette grise	
Gambas	
Homard	
Huître	
Langouste	
Langoustine	
Moule	
Oursin	
Palourde	
Poulpe	
Seiche	
Tourteau	

Volailles

Autorisés	Interdits
Caille	Canard
Coquelet	Oie
Dinde	
Dindonneau	
Faisan	
Perdreau	
Pigeon	
Pintade	
Poulet (sans la peau)	
Steak d'autruche	

Œufs

Autorisés	
Œuf de caille	
Œuf de poule	

Laitages

Autorisés	Interdits
Carré de fromage frais à 0 %	Fromages
Fromage blanc maigre à 0 %	Laitages au lait entier
Fromage en faisselle à 0 %	
Lait écrémé	
Petit-suisse à 0 %	
Yaourt nature ou aromatisé à l'aspartam à 0 %	

Que manger en phase 1 ?

Les condiments

Autorisés		**Tolérés**	**Interdits**
Ail	Raifort	Bouillons cubes	Arachide
Agar-agar	Romarin	Crème fraîche allégée	Beurre
Algues marines	Safran	Fécule de maïs	Chocolat
Anis étoilé ou badiane	Sauce soja	Harissa	Crème fraîche
Arôme sans sucre	Sauce tomate et tomates en boîtes (coulis, tomates concassées…)	Huile de paraffine	Fruits secs
Basilic	Soja	Mayonnaise Dukan	Huiles (noisette, olive, tournesol…)
Bouillons cubes dégraissés	Son d'avoine	Moutarde	Ketchup
Cacao dégraissé	Vanille (gousse ou en poudre non sucrée)	Sel	Mayonnaise
Cannelle		Sésame	Olive
Cardamome		Vinaigre	Sucre
Cerfeuil		Vinaigrette Dukan	
Citron (sauf en boisson)			
Citronnelle			
Clou de girofle			
Coriandre			
Cornichon			
Cumin			
Curcuma			
Édulcorants			
Estragon			
Gingembre			
Ketchup de régime			
Menthe			
Noix muscade			
Oignon frais			
Oignon sec			
Paprika			
Persil			
Piment			
Poivre			

Recette de la galette d'avoine

INGRÉDIENTS

- 1 cuillerée à soupe de son de blé
- 2 cuillerées à soupe de son d'avoine
- 1 œuf entier ou juste le blanc
- 1 cuillerée à soupe de fromage blanc à 0 %

Mêlez le son de blé, le son d'avoine, le blanc d'œuf ou l'œuf entier selon l'appétit et la surveillance de votre cholestérol et le fromage blanc maigre. Mélangez le tout, puis cuisez la crêpe dans une poêle anti-adhésive, sans matière grasse. Si votre poêle attache, vous pouvez à la rigueur passer une goutte d'huile à l'aide d'un essuie-tout sur le revêtement.

Le petit déjeuner

Que prendre au petit déjeuner en phase 1 ?

Vous pouvez choisir librement dans cette liste et vous confectionner un petit déjeuner à votre goût.

BOISSONS
Café
Lait écrémé
Thé, tisanes
Ricorée
LAITAGES
Faisselle à 0 %
Fromage blanc à 0 %
Petits-suisses à 0 %
Yaourt à 0 %

CRÊPES
Galette au son d'avoine (2 cuillerées de son d'avoine maximum)
VIANDES ET ŒUFS
Tranche de poulet dégraissée
Jambon dégraissé
Viande des Grisons
Tranche de dinde dégraissée
Œufs brouillés, sur le plat, à la coque (avec mouillettes de blanc de poulet)
Omelette

Si vous ne pouvez rien avaler le matin au réveil

Ne sautez surtout pas de repas : buvez une boisson chaude, attendez une heure, puis prenez votre petit déjeuner.

Comment se passer de pain ?

Vous l'aurez compris, le petit déjeuner n'échappe en aucun cas à la liste des aliments autorisés. C'est pourquoi vous ne verrez pas dans les menus de viennoiseries, de pain ou de brioche. Vous y trouverez cependant de quoi vous rassasier sans aucun problème, car vous pourrez consommer à volonté des laitages allégés, additionnés d'aspartam, un œuf à la coque, ou encore une tranche de jambon de poulet. Vous aurez la sensation d'un petit déjeuner très complet, un peu comme si vous vous offriez un brunch à l'anglaise tous les matins !

Ce menu sera par ailleurs bien plus équilibré et dynamisant qu'un petit déjeuner traditionnel composé de viennoiseries ou de corn flakes chocolatés…

La galette au son d'avoine

Pour certains de mes patients, le matin est le moment de la journée au cours duquel ils ont le plus de mal à se passer de la saveur du pain. D'autres se plaignent par ailleurs de constipation. Pour pallier ces désagréments, et pour les inconditionnels du goût des céréales, les constipés, les gros appétits, j'ai mis au point une recette de galette qui peut s'intégrer au régime des protéines.

Tout a commencé lorsque ma fille a voulu suivre mon régime. Elle avait extrêmement faim toute la matinée et avait du mal à tenir jusqu'au repas du midi. Elle m'a alors demandé ce qu'elle pourrait prendre le matin pour se « caler » davantage. J'ai regardé dans mes placards et ai improvisé une galette de son d'avoine avec de l'avoine que j'avais rapporté des États-Unis. Elle a trouvé cela excellent et nourrissant. J'ai affiné la recette et ai systématisé l'utilisation du son d'avoine dans ma méthode. Cette galette regorge de fibres solubles. De nombreux travaux récents ont prouvé que ces fibres solubles, en s'imprégnant d'eau, forment un gel dans le tube digestif. Des nutriments y sont piégés et quelques calories sont entraînées avec ce gel dans les selles.

Mais attention, l'usage du son de blé ou d'avoine n'est autorisé qu'une fois par jour. Consommée plusieurs fois dans la journée, cette galette freine les effets du régime protéiné.

Profitez de l'effet « brûle-graisse » du matin

Lorsque l'organisme n'est pas alimenté, il pioche dans les cellules graisseuses pour en tirer de l'énergie. C'est le cas le matin, lorsque vous êtes à jeun. Ce processus s'appelle la lipolyse, et il s'enclenche notamment la nuit lorsque les réserves de sucre sont épuisées. Il s'arrête dès que l'on apporte de l'énergie en prenant son petit déjeuner. Deux idées pour mieux profiter de cette phase « brûle-graisse » naturelle :

- Si vous n'êtes pas trop fatigué, faites de l'exercice dès le réveil – car l'organisme attaque directement les capitons – avant de prendre votre petit déjeuner.
- Prenez un petit déjeuner en respectant à la lettre les consignes de la phase 1 : une boisson chaude et des protéines, qui ne stopperont pas le processus et vous permettront d'en profiter tout au long de la journée.

Le déjeuner

Que prendre au déjeuner en phase 1 ?

Vous pouvez concocter vos entrées, plats et desserts à partir des 72 aliments protéinés présentés en p. 38. Mangez-les à volonté ! Vous trouverez aussi des idées de menus sur une semaine p. 48. Veillez à boire abondamment au cours de votre repas. Vous pouvez préparer une théière de thé vert pour accompagner votre repas, une eau pétillante… Les sodas édulcorés sont également autorisés. Pensez aux épices et aux herbes pour varier votre alimentation et soignez la présentation, c'est toujours plus appétissant bien présenté. Pour assaisonner vos viandes et œufs, reportez-vous aux pages 36-37. Si vous n'avez pas le temps de préparer une sauce, vous pouvez sans aucun problème ajouter du vinaigre, du poivre, des épices ou de l'aspartam.

Attention aux pièges courants qui peuvent freiner votre régime et provoquer de la rétention d'eau : limitez le sel, mais aussi la moutarde.

BOISSONS

- Eau plate ou pétillante
- Thé vert
- Sodas édulcorés

ENTRÉES

- Œufs durs
- Surimi
- Charcuterie maigre : viande des Grisons, jambon dégraissé
- Blanc de poulet
- Maquereaux au vin blanc
- Saumon fumé
- Crevettes
- Crabe…

PLATS

- Poulet grillé
- Steak tartare
- Rosbif
- Rôti de veau
- Steak de cheval
- Lapin
- Foie de veau
- Poisson à la vapeur
- Omelette
- Œufs brouillés…

DESSERTS

- Faisselle à 0 %
- Fromage blanc à 0 %
- Petits-suisses à 0 %
- Yaourt à 0 %
- Galette au son d'avoine (si vous ne l'avez pas prise au petit déjeuner)
- Desserts à base d'œufs (île flottante, crème aux œufs à la vanille, etc.)…

Conservez la structure des repas

Il est important de conserver un rythme dans les repas, car au bout de quelques jours, vous finiriez par vous sentir frustré. S'asseoir à une table, autour d'un plat chaud, c'est à la fois un instant convivial et réconfortant. Certes, dans l'immédiat, votre repas est uniquement composé d'aliments protéinés, mais vous allez découvrir qu'il est possible de réaliser des menus savoureux, uniquement avec des protéines.

Dans les menus que vous confectionnerez selon vos préférences, tâchez de distinguer une entrée, un plat principal et un dessert.

N'hésitez pas à moduler vos repas selon votre appétit. Par exemple, si vous n'avez pas le temps, ou si vous n'avez pas très faim le matin, il vous est possible de déguster la galette de son d'avoine à midi en guise de dessert.

Puis-je prendre une collation ?

Dans la mesure où vous pouvez consommer les aliments indiqués sur la liste des produits autorisés, vous pouvez bien entendu vous accorder une collation, dès que la faim se fait sentir.

Voici quelques idées pour une collation facile à transporter avec soi :

- bâtonnets de surimi ;
- œufs durs ;
- yaourt à 0 % ;
- viande des Grisons ;
- tranches de dinde, de poulet ou de porc découennées et dégraissées ;
- thé, café sans sucre ou édulcoré.

Prenez soin de vous

Ne dînez pas trop tard afin de laisser à votre organisme le temps de digérer, votre sommeil sera facilité. Installez-vous confortablement, même si vous dînez seul, et préparez la table de votre festin. Joli plateau ou jolie nappe, vous devez avoir l'impression de dîner comme d'habitude. Cocoonez-vous ! Prenez également votre temps pour manger : après 20 minutes de dégustation, la sensation de faim disparaît. Si vous dînez trop rapidement, vous sortirez de table avec l'estomac creux.

Le dîner

Que prendre au dîner en phase 1 ?

Plus que tout autre repas, le dîner (surtout si vous amorcez votre régime en hiver) doit se composer d'un plat chaud : vous vous sentirez ainsi rassasié, et vous aurez la sensation d'avoir pris un vrai repas. Vous avez droit aux mêmes aliments que pour le déjeuner et devez structurer votre repas de la même manière : entrée, plat et dessert. Pour clore votre repas en douceur, vous pouvez vous préparer une tisane ou une chicorée, qui vous apportera l'eau dont vous avez besoin pour votre régime, et vous permettra de bien vous caler.

BOISSONS
- Eau plate ou pétillante
- Tisane
- Chicorée

ENTRÉES
- Œufs durs
- Surimi
- Charcuterie maigre : viande des Grisons, jambon dégraissé
- Blanc de poulet
- Maquereaux au vin blanc
- Saumon fumé
- Crevettes
- Crabe...

PLATS
- Poulet grillé
- Steak tartare
- Rosbif
- Rôti de veau
- Steak de cheval
- Lapin
- Foie de veau
- Poisson à la vapeur
- Omelette
- Œufs brouillés
- Soufflé de poulet...

DESSERTS
- Faisselle à 0 %
- Fromage blanc à 0 %
- Petits-suisses à 0 %
- Yaourt à 0 %
- Galette au son d'avoine (si vous ne l'avez pas prise au petit déjeuner ou au déjeuner)
- Desserts à base d'œufs (île flottante, crème aux œufs à la vanille, flan, etc.)...

Ne craquez pas !

L'heure du dîner est souvent un moment difficile car vous rentrez à la maison fatigué. Vous avez envie de grignoter en préparant le dîner ? Apprenez à vous connaître : si vous savez que l'heure du dîner est le moment le plus difficile de la journée (vous rentrez du travail, vous devez préparer le repas des enfants), voici une astuce pour passer le cap : préparez une galette au son d'avoine, et grignotez-la pendant que vous cuisinez. Attention, dans ce cas, vous n'avez pas le droit de consommer la galette à un autre moment de la journée.

Vous allez sans doute devoir passer à table en famille, et éviter consciencieusement les aliments interdits, tandis que vous regarderez vos enfants savourer leurs spaghettis. Pour résister, n'hésitez pas tout d'abord à vous offrir une collation avant le repas. Ne passez pas à table avec l'estomac dans les talons, c'est le meilleur moyen de mettre votre régime en échec.

Ensuite, essayez de préparer pour le reste de la famille des plats que vous n'appréciez pas particulièrement. Vous n'adorez pas le riz ? Cuisinez-en, vous y résisterez plus facilement. Si le pain et le fromage sont votre péché mignon, ne tentez pas le diable, et proposez plutôt des yaourts en dessert. Enfin, intégrez absolument des éléments de votre régime aux menus de tous : du poulet en plat principal, du poisson, un fromage frais à 0 %... vous aurez ainsi la sensation de dîner en famille, même si certains aliments vous sont interdits.

MENUS TYPES DE LA PHASE 1 (ATTAQUE)

	Crevettes roses	Produits laitiers	Glace au muesli (voir p. 216)
	LUNDI	**MARDI**	**MERCREDI**
Petit déjeuner	> Boisson chaude > Faisselle à 0 % > 2 tranches de poulet dégraissé	> Boisson chaude > Fromage blanc à 0 % > Omelette nature	> Boisson chaude > Petit-suisse à 0 % > 2 tranches de viande des Grisons
Déjeuner	> Roulés de viande des Grisons aux carrés de fromage frais à 0 % > Steak tartare > Yaourt à 0 %	> Crevettes sauce soja > Cabillaud au safran > Crème vanille	> Blanc de poulet > Boulettes de viande aux herbes > Glace au muesli (voir p. 216)
Collation	> 1 galette au son d'avoine (voir p. 42)	> Thé ou café sans sucre > Porridge (2 c. à s. de son d'avoine)	> Œufs durs
Dîner	> Crevettes roses et bigorneaux > Aiguillettes de poulet au vinaigre de cidre > Œufs à la neige	> Œufs marbrés > Escalopes de poulet à l'étuvée > Blanc-manger	> Roulés de saumon fumé aux carrés de fromage frais à 0 % > Sauté de veau au paprika > Crème à la cannelle

N'oubliez pas, chaque jour, vos 2 c. à s. de son d'avoine.

Œufs brouillés aux œufs de saumon (voir p. 132)	Viande des Grisons	Galette au son d'avoine (voir p. 42)	Omelette à la menthe et au curry (voir p. 174)
JEUDI	**VENDREDI**	**SAMEDI**	**DIMANCHE**
> Boisson chaude > 1 yaourt écrémé > 2 tranches de jambon dégraissé	> Boisson chaude > Fromage blanc à 0 % > Œufs brouillés	> Boisson chaude > Petit-suisse à 0 % > 1 galette au son d'avoine (voir p. 42)	> Boisson chaude > 1 yaourt écrémé > 1 œuf à la coque, mouillettes de blanc de poulet
> Œufs brouillés aux œufs de saumon (voir p. 132) > Bar grillé > Crème renversée à la vanille	> Mousse au saumon > Lamelles d'encornets à la persillade > Île flottante à la vanille	> Caviar de thon au carré de fromage frais à 0 % > Escalope de dinde avec sauce yaourt au curry > Mousse au citron	> Consommé au saumon > Omelette à la menthe et au curry (voir p. 174) > Bavarois à la vanille
> Bâtonnets de surimi > 1 galette au son d'avoine (voir p. 42)	> 2 yaourts à 0 % avec 2 c. à s. de son d'avoine + édulcorant	> Viande des Grisons	> Thé ou café sans sucre
> Maquereaux au vin blanc > Foie de veau poêlé au vinaigre de Xérès > Faisselle à 0 %	> Viande des Grisons > Lapin à la moutarde > Fromage blanc à 0 %	> Bouchées au thon > Poêlée de la mer > Yaourt à 0 %	> Aumônière de saumon fumé à la faisselle > Bœuf sauce moutarde > Crème aux œufs

Mon régime au quotidien (phase 1)

En famille

Les tentations vont être multiples, surtout si vous avez des enfants. Afin de ne pas être tenté, surtout en phase d'attaque, vous pouvez éventuellement décider de faire manger les enfants à part, puis vous concocter un repas par la suite. Plus simplement, pensez à préparer les protéines à part (le poulet dans un plat, les légumes dans un autre), vous pourrez ainsi choisir les mets qui vous conviennent sans déranger le déroulement normal du repas. Veillez à augmenter les quantités de viande : resservez-vous autant que nécessaire, afin de conserver le même rythme que les autres. Vous éviterez aussi les questions de vos enfants qui pourraient ne pas comprendre pourquoi votre assiette est à moitié vide. Préparez à l'avance des menus « à tiroir » que vous pourrez adapter. Par exemple, si vos enfants adorent les œufs à la coque, prévoyez un œuf pour vous, du pain et des filets de jambon de dinde. Vous utiliserez le jambon en guise de mouillettes, tandis que vos enfants consommeront le pain.

À l'apéritif

Si l'apéritif se déroule chez vous, veillez à préparer des coupelles dans lesquelles vous pourrez piocher sans faire d'entorse à votre régime : petites crevettes, bâtons de surimi, petits cubes de jambon de dinde. Préparez également une eau pétillante ou un Coca light afin de pouvoir vous désaltérer sans vous laisser tenter par les alcools ou les jus de fruits. Remplissez vous-même votre verre, et ne le laissez jamais se vider entièrement. Vous découragerez ainsi les invités trop polis qui, pensant vous être agréables, vous serviront un peu de champagne ou de vin !

Si vous êtes invité, la situation est plus délicate, mais elle n'est pas insurmontable. Commencez par vous caler avec une collation appropriée avant de vous rendre chez vos amis. En phase d'attaque, puisque les légumes sont interdits, il se peut qu'aucun petit amuse-bouche ne soit autorisé. Dans ce cas, demandez un grand verre d'eau pétillante, et tenez-le à la main, ce qui vous donnera une excuse pour refuser les plateaux qui circulent parmi les convives.

Au restaurant

C'est l'une des situations où le régime des protéines est le plus facile à suivre. Après une entrée telle un œuf en gelée ou une tranche de saumon fumé ou encore un plateau de fruits de mer, le choix est large entre un pavé de bœuf, un faux-filet grillé, une côte de veau, un poisson ou une volaille. Lorsque les plats se font attendre, faites attention aux grignotages interdits : les cornichons ne sont pas autorisés en grande quantité en phase d'attaque, la moutarde est trop salée... Bref, si vous sentez que la faim va tirailler votre estomac à cause d'une attente trop longue, pensez à grignoter un morceau avant d'aller au restaurant : du surimi, un œuf dur...

La difficulté surgit après le plat principal pour le gourmand de sucré ou l'amateur de fromage qui risque d'être tenté par les autres convives. La meilleure stratégie défensive est le recours à un premier café qui peut être renouvelé si la conversation se poursuit. Sinon, ayez au bureau ou dans la voiture des yaourts nature ou fruités qui vous permettront de clôturer ce repas avec une note de dessert frais et onctueux.

Variez et mangez beaucoup !

Testez et goûtez les aliments indiqués sur la liste ! Au cours des premiers jours, votre préférence ira aux aliments que vous connaissez déjà. Mais ce régime est aussi l'occasion de découvrir de nouvelles saveurs : rendez-vous chez votre boucher ou votre poissonnier, et n'hésitez pas à découvrir certains poissons oubliés des enseignes de produits surgelés, ou certaines viandes inconnues des grandes surfaces.

Questions - Réponses

Doit-on prendre des vitamines au cours du régime ?

→ Si la durée du régime est courte, la prise de vitamines n'est pas du tout nécessaire. En revanche, si celui-ci doit s'étendre sur une longue durée, vous pouvez associer une dose quotidienne de compléments polyvitaminés, mais évitez les fortes doses ou les apports multiples : leur accumulation peut s'avérer toxique. Il est plus utile de se préparer une tranche de foie de veau deux fois par semaine et de prendre 1 cuillerée à soupe de levure de bière chaque matin. Vous pourrez aussi confectionner de bonnes salades composées à base de laitue, de poivron cru, de tomate, de carotte et d'endive, dès que les légumes seront autorisés.

Puis-je mâcher des chewing-gums sans sucre pour calmer la faim ?

→ Les chewing-gums peuvent s'avérer très utiles en cours de régime pour les grignoteurs habitués à mastiquer. Je considère les chewing-gums comme un excellent adjuvant de la lutte contre le surpoids. N'hésitez pas à prendre 4 à 5 dragées immédiatement après la dernière bouchée de votre dîner. Cela vous évitera de « tomber » dans vos placards.

Faut-il boire pendant les repas ?

→ Négliger de boire en mangeant fait tout simplement courir le risque d'oublier de boire. De plus, boire en mangeant augmente le volume du contenu gastrique et génère une sensation de réplétion et de rassasiement. Enfin, l'eau dilue les aliments, ralentit leur absorption et étend la durée de la satiété. Alors oui, buvez pendant les repas !

J'ai du mal à boire beaucoup, comment faire ?

→ La quantité de liquide vous semble insurmontable ? N'oubliez pas de comptabiliser aussi le café, le thé ou toute autre infusion ou tisane que vous buvez. Vous vous apercevrez que l'on parvient très facilement au minimum requis. Pensez aussi à utiliser l'eau et les boissons autorisées comme coupe-faim, pour augmenter la sensation de satiété.

Puis-je faire du sport en phase d'attaque ?

→ Tout dépend du poids que vous avez à perdre, de votre âge et de vos antécédents médicaux.

→ Si vous avez beaucoup de poids à perdre, il est préférable en phase d'attaque, mais aussi en phase de croisière, de ne pas exercer d'efforts excessifs sur le cœur, la circulation et les articulations des hanches, des genoux et des vertèbres.

→ Si vous avez plus de 55 ans, attaquez la gym progressivement en respectant doublement les contraintes de charge ou de surpoids de départ.

→ Dans le cas contraire, si vous n'êtes ni trop âgé ni trop lourd, tout est possible, mais pendant la phase d'attaque, l'amaigrissement risque parfois d'être foudroyant et peut, combiné à un excès récent d'activité physique, fatiguer et réduire la forme, carburant énergétique et mental de la motivation. En tout cas, une activité vous est presque toujours possible : la marche. Selon moi, de très loin, c'est la meilleure de toutes les activités et c'est la plus simple. Naturelle, facile, elle est praticable partout, à n'importe quelle heure de la journée, et à n'importe quel poids, sans tenue particulière, même en talons, sans transpirer, sans vous blesser, ne coûte rien… et rapporte beaucoup.

Bilan de la phase 1

Ça y est, vous avez fini votre phase 1 ! C'est l'heure de faire le bilan de votre forme et de votre perte de poids.

Vous avez perdu très vite et beaucoup...

La phase d'attaque étant fulgurante, il est possible de perdre facilement 2 à 3 kg en 5 jours. Cependant, une personne obèse perdra au départ plus rapidement ses kilos qu'une personne déjà assez mince qui souhaite affiner légèrement sa taille avant les vacances d'été. Cette perte peut atteindre 5 kg chez les personnes obèses.

Vous n'avez pas perdu aussi vite que vous l'imaginiez...

Tout d'abord, il y a les règles qui, chez la majorité des femmes, sont une période de forte rétention. Si c'est le cas, buvez un peu moins et salez le moins possible. Vous retrouverez la perte attendue quelques jours après le début des règles.
Si ce n'est pas lié aux règles, interrogez-vous sur votre régime. A-t-il été suivi sans faille ? Sinon, vous êtes un cas difficile, vous avez peut-être suivi de très nombreux régimes ou vous avez une très forte hérédité au surpoids, vous êtes en préménopause avec un dérèglement hormonal ou encore sous traitement antidépresseur ou cortisone.

Vous avez été gêné par la constipation

En fait, les protéines ne contiennent que très peu de déchets et l'absence de matières grasses réduit la lubrification du tube digestif. Buvez un peu plus. Forcez sur l'Hépar et la Contrex.

Vous avez ressenti un peu de fatigue...

Vous considérez-vous comme fatigué par le régime ? Vous ne l'étiez pas avant de le commencer ?
Si c'est le cas, c'est assez rare, mais c'est possible. Cela peut venir du fait que vous ne mangez pas assez. N'oubliez pas que les quantités ne sont pas limitées. La viande est le meilleur antifatigue naturel, surtout la viande rouge et maigre du bœuf (steak, bavette...).

La fatigue liée au sel et à l'eau

Le sel a une action sur la tension artérielle. En mangeant sans sel, vous réduisez au moins d'un point votre tension artérielle et si celle-ci était déjà faible – à 11 par exemple –, vous pouvez passer à 10 ou même à 9, ce qui est bas et fatigant.
L'excès d'eau (si vous buvez plus de 2 litres) a le même effet. L'eau lave le sang et fait baisser la tension artérielle.
Le pire des cas est l'association des deux. Essayez de ne pas trop boire le soir pour ne pas vous lever trop souvent la nuit pour uriner, le sommeil en pointillé fatigue.
Si la fatigue persiste, faites-vous prendre la tension artérielle par votre médecin et dites-lui qu'habituellement, un régime suivi comme vous le faites ne fatigue pas.

La phase d'attaque en bref...

Vous pouvez consommer 72 aliments riches en protéines et rien d'autre. Cette phase peut varier entre 1 et 10 jours. Concentrez-vous sur les aliments autorisés, et oubliez toutes les autres catégories d'aliments.

Vous avez droit à ces protéines à volonté.

Vous devez boire au moins 1,5 litre d'eau par jour. Ceci n'est pas un conseil, mais une obligation. Il est impératif pour la réussite du régime de boire abondamment.

Vos 8 catégories d'aliments autorisés :

- les viandes maigres : veau, bœuf, sauf l'entrecôte et la côte de bœuf, cheval ;
- certains abats : le foie et la langue ;
- tous les poissons ;
- tous les fruits de mer ;
- toute la volaille sans la peau (canard interdit) ;
- tous les jambons maigres (blanc de dinde, jambon de porc maigre) ;
- les œufs ;
- les laitages maigres.

Pour assaisonner, vous pouvez uniquement utiliser :

- le vinaigre ;
- les aromates ;
- les herbes ;
- les épices ;
- les gouttes de jus de citron.

Avec modération, vous pouvez saler légèrement ou consommer de la moutarde.

Pour un plaisir maximum, aucune restriction de quantité.

Pour vous sentir bien, ne limitez pas les quantités et faites varier vos menus.

Évitez tout écart pendant les quelques jours de l'attaque.

Pour cette phase éclair qui ne dure pas longtemps et doit surprendre votre organisme, suivez scrupuleusement les consignes.

Vous avez droit à 1 ou 2 cuillerées à soupe de son d'avoine par jour, notamment sous forme de galettes.

FIN

Phase 2 : **la croisière**

Passez de 72 à 100 aliments à volonté
jusqu'à l'obtention du poids souhaité.

Les objectifs de la phase 2

ous-même que
e alimentation
ent dans cette
téines pures et

Une perte de poids sur le long cours

En phase d'alternance, vous constaterez sans doute un ralentissement de votre amaigrissement. Ce ralentissement est normal, votre corps doit s'adapter à cette nouvelle phase pour entrer dans le régime au long cours. Rassurez-vous : la perte de poids liée à la fonte de graisses reste bien réelle, et, quoique camouflée par le retour de l'eau, elle se poursuit sans problème.

Quant à la durée de cette phase, tout dépend du nombre de kilos que vous souhaitez perdre. Elle durera jusqu'à ce que vous ayez obtenu le poids souhaité.

Une perte de poids plus progressive

Si vous avez plus de 20 kg à perdre, l'expérience montre que la perte s'établit en moyenne autour de 1 kg par semaine. Bien sûr, au cours de la phase 1, vous aviez perdu plus. C'est pourquoi, en l'espace de deux mois, phase 1 et phase 2 incluses, vous pouvez espérer perdre vos dix premiers kilos. Nous verrons ensuite comment la courbe s'infléchit peu à peu, car le corps crée un mécanisme de défense en phase de consolidation. Mais pour l'instant, si vous respectez les consignes à la lettre, vous ne devriez pas rencontrer d'obstacles.

L'effet marche d'escalier

Alors que la perte des kilos avait été spectaculaire jusque-là, la balance semble tout à coup figée. Dès que l'on introduit des légumes, l'eau, artificiellement chassée par une alimentation exclusivement protéinée, revient dans votre organisme car les phases d'alternance sont par définition moins hydrofuges que les phases de protéines pures. Bien sûr, pendant les jours de protéines pures, vous verrez avec bonheur l'aiguille de la balance pencher à nouveau vers la gauche, et vous aurez la sensation que votre régime progresse par marche d'escalier : stagnation, puis dégringolade. Faites confiance à la méthode, vous allez atteindre le poids idéal sans souci.

Les règles de la phase 2

L'introduction des légumes après la période d'attaque apporte de la fraîcheur et de la variété au régime initial. Il le rend plus facile et plus confortable. Il est désormais pratique de commencer son repas avec une salade bien assaisonnée, riche en couleurs et en saveurs, ou, le soir et en hiver, avec une soupe, puis de passer au plat de viande ou de poisson mijoté dans des légumes parfumés et aromatisés, et de le clore avec un laitage, ou deux ou trois !

L'alternance protéines pures et protéines + légumes

Au cours de cette deuxième phase de votre régime, vous alternerez périodes de protéines pures et périodes de protéines + légumes, jusqu'à l'obtention du poids désiré.
Le choix de l'alternance et de son rythme varie selon les cas. Il doit prendre en compte de nombreux paramètres, dont l'âge, le transit intestinal, le nombre de kilos à perdre, le degré d'activité physique et l'attirance pour la viande et les légumes. Il varie de 1 jour protéines pures/1 jour protéines + légumes à 5 jours protéines pures/5 jours protéines + légumes. Nous verrons comment choisir.

Mais quel que soit le type d'alternance et son rythme, la liberté sur les quantités, tant des protéines que des légumes, reste en vigueur. La notion « à volonté » est l'un des fondements de ma méthode. La liste des aliments autorisés ne change pas (voir p. 38).

À volonté, pour tenir sur la distance

Attention à ne pas utiliser cet argument comme un gadget. Face à la faim, à la tentation, à l'envie, à la séduction lourde du grignotage, la liberté totale a un sens et a un rôle puissant à jouer, mais elle ne doit pas être un simple jeu ou une manière de s'occuper.
Je connais des patients qui s'installent et qui grignotent sans faim, tout comme ils mâcheraient du chewing-gum. Prenez garde à cette tentation, les légumes ne sont pas inoffensifs, mangez-en jusqu'à

Des légumes oui, mais sous certaines conditions...

Dans la mesure où vous choisissez vos légumes dans la liste, vous avez droit à tous les légumes crus ou cuits, sans aucune restriction de quantité. Vous pouvez en consommer à toute heure, comme bon vous semble. Veillez cependant à bien respecter les consignes de préparation, afin de ne pas augmenter vos apports en lipides, qui doivent rester les plus réduits possible.

totale satisfaction de la faim, mais pas au-delà. Cela ne change en rien le principe de non-restriction quantitative qui est au cœur du régime ; quelle que soit la quantité ingérée, la perte de poids se maintiendra, mais à un rythme moins soutenu et par là même moins encourageant.

Les écueils à éviter

• L'inquiétude du ralentissement

Lorsqu'on ouvre la porte aux légumes, certains patients qui suivaient jusque-là les consignes à la lettre commencent parfois à s'autoriser de petits écarts. Ces extras sont souvent liés au ralentissement naturel de la perte de poids extrêmement rapide de la phase d'attaque.

Ce ralentissement est normal, il se serait effectué de toute manière, même si vous aviez continué la phase d'attaque. Il est lié à deux raisons associées : d'abord, le corps, surpris par l'intensité de l'attaque, résiste mal à la puissance du régime et laisse partir facilement ses premières graisses de réserve. Ces graisses de surface sont volatiles et se perdent ou se prennent très vite. D'autre part, le régime des protéines est très hydrofuge. C'est-à-dire qu'avec les premières graisses brûlées, de l'eau est chassée brusquement. Et 1 litre d'eau pèse 1 kg ! Passés les premiers jours, ces deux facteurs responsables de la perte immédiate s'estompent. Enfin, l'arrivée des légumes apporte le troisième élément du ralentissement. Vous entrez là dans un autre combat plus acharné, un corps-à-corps qu'il faut accepter plus lent.

• Le « tout légumes »

Comme nous sommes dans un plan où la liberté du choix des aliments et des quantités est un principe de base, ne faites pas l'erreur parfois commune qui consiste à se nourrir des seuls légumes. Il y aurait danger à se priver des protéines. Lequel ? Celui de ne plus couvrir les besoins vitaux en protéines que l'homme ne sait pas synthétiser et que le corps prélèverait sur votre masse musculaire, votre peau et vos cheveux. Quand les légumes sont autorisés, ils ne doivent pas chasser les viandes et les poissons, mais s'y associer. Retrouvez la liste des légumes p. 67. Attention, comme pour la phase d'attaque, respectez consciencieusement la consigne et considérez que tout ce qui n'est pas indiqué dans la liste est par conséquent interdit.

Que faire en cas d'interruption ?

Un régime est une petite tranche de vie soumise aux aléas des obstacles, des rencontres ou des difficultés. Vous pouvez être lassé du régime et perdre la motivation, nous sommes humains et parfois fragiles et fatigués. Vous pouvez être soumis à des pressions, à du stress, à des choix, à des difficultés, nous sommes humains et soumis à la nécessité. Vous pouvez voyager, partir et ne plus vous trouver dans les conditions de départ, et devoir interrompre votre régime. Dans tous les cas, une règle doit rester absolue et intangible : arrêter oui ! Mais en respectant le protocole de sortie. La pire des solutions serait de battre en retraite dans le désordre. Une telle déroute vous ferait perdre le fruit de votre effort. Quel que soit le poids perdu, il faut le conserver, le protéger, il est à vous. Passez à la troisième phase que vous ne connaissez pas encore : la phase de consolidation (voir p. 85), un palier nécessaire entre le régime dur et le non-régime.

Le rythme de l'alternance

Une alternance nécessaire

Le régime de croisière, bénéficiant de l'élan et de la vitesse acquise fournis par le régime d'attaque des protéines pures, a désormais la responsabilité de conduire jusqu'au poids choisi. Il occupera donc la plus grande partie du volet strictement amaigrissant du plan Protal.

L'adjonction rythmée des légumes ralentit l'impact des protéines pures. C'est voulu ! Il n'est pas question de soutenir un rythme trop rapide. Ce serait contre-productif car cela conduirait le corps à résister frontalement. Les bonnes ménagères savent que vouloir presser le citron d'un seul tenant est moins efficace que de le laisser reposer pour mieux le reprendre. La ou les journées de protéines représentent une offensive, une attaque surprise et la force attaquante doit consolider sa position, se reposer, pour mieux repartir.
De plus, l'organisme a besoin de la fraîcheur des légumes, des salades, de leurs vitamines et de leurs fibres pour son transit.

Comment choisir votre alternance ?

Il existe deux rythmes d'alternance principaux et deux plus rares, pour des cas inhabituels.

• 5 jours de protéines pures (PP), 5 jours de protéines + légumes (PL)
C'est un rythme fort, souvent trop fort et qui demande une motivation à toute épreuve. Les 5 jours sans légumes peuvent sembler longs à mesure que le temps passe.

• 1 jour de protéines pures (PP), 1 jour de protéines + légumes (PL)
Jadis, je préconisais systématiquement l'alternance 5/5, puis je me suis rendu compte que le rythme 1/1 apportait bien souvent des résultats très proches sans la frustration des 5 jours sans légumes et était moins générateur de crispation. C'est donc l'alternance que je vous conseille.

• 2 jours de protéines pures (PP), 5 jours de protéines + légumes (PL)
C'est une alternance plus rare et donc occasionnelle qui convient mieux à des personnes vulnérables, fragiles, plus âgées (au-delà de 70 ans) et surtout ayant très peu de poids à perdre. Elle s'applique aussi à ceux qui tiennent absolument à perdre du poids lentement. C'est rare, mais cela existe et cette alternance leur convient bien.

• 2 jours de protéines pures (PP), et un régime normal pendant 5 jours
Une variante du 2/5 est le 2/0, soit 2 jours de protéines pures par semaine et 5 jours ordinaires, sans régime particulier, mais sans excès particuliers. C'est le régime et la cadence qui conviennent le mieux aux femmes cellulitiques, souvent très minces de la partie supérieure du corps, buste, poitrine, visage, et arborant des hanches et surtout des cuisses luxuriantes. Ce régime permet, surtout si on le couple à un traitement local (mésothérapie), d'obtenir les meilleurs résultats locaux en épargnant le plus possible le haut du corps.
Dans ces cas, il convient de bien veiller à ce que la séance de soins locaux soit réalisée le jour des protéines pour attaquer les graisses rebelles, les libérer de leur emprisonnement et les brûler.

Mangez froid, vous maigrirez plus vite

Saviez-vous que lorsque vous mangez froid, votre corps doit réchauffer les aliments pour les amener à la température centrale afin de pouvoir les digérer et, surtout, les assimiler ? Rien n'entrerait dans votre sang sans s'être préalablement réchauffé. Cette opération de chauffage a un coût calorique et ce coût viendra en déduction des calories apportées par vos aliments, c'est mathématique !

Manger froid n'est pas toujours aisé, surtout l'hiver. Mais vous pouvez boire froid. Quand vous buvez 1,5 litre d'eau conservée au réfrigérateur, celle-ci est à 4 °C. Lorsque vous urinez cette eau, elle est à 35 °C : vous avez élevé de 31 °C la température de cette eau. Vous l'avez chauffée et vous avez brûlé des calories. Certes peu, mais beaucoup à la fin de l'année.
Si vous aimez l'eau fraîche, continuez, sinon essayez.

FINAGRIC

Que manger en phase 2 ?

Durant cette phase de croisière, vous avez droit à 100 aliments, sans limitation de quantité, d'horaire ou de mélange.

Pour les jours de **protéines pures (PP)**, reportez-vous à la liste des aliments autorisés en phase 1 p. 38.

En revanche, pour les jours de **protéines + légumes (PL)**, voilà la liste des légumes que vous pouvez manger sans souci, crus ou cuits. N'oubliez pas d'y intégrer des protéines…

Autorisés		**Tolérés**	**Interdits**
Artichaut	Courgette	Betterave	Avocat
Asperge	Endive	Carotte	Fèves
Aubergine	Épinard		Flageolets
Blette	Fenouil		Lentilles
Brocoli	Frisée		Maïs
Céleri	Haricot vert		Petits pois
Champignons	Laitue		Pois
Chou de Bruxelles	Mâche		Pois cassés
Chou blanc	Oignon		Pois chiches
Chou-fleur	Poireau		Pois secs
Chou-rave	Poivron		Pommes de terre
Chou rouge	Potiron		Riz
Chou vert	Radis		Salsifis
Cœur de palmier	Soja		
Concombre	Tomate		

Comment préparer les légumes ?

En crudités

Pour tous ceux dont l'intestin tolère les légumes crus, il est toujours préférable de consommer les légumes dans leur totale fraîcheur et sans les cuire pour éviter l'évasion d'une bonne part de leurs vitamines.
Sous d'innocentes apparences, l'assaisonnement pose l'un des problèmes majeurs de la diététique amaigrissante. En effet, pour bien des gens, crudités et salades représentent la base même d'une alimentation de régime, peu calorique et riche en fibres et en vitamines. Ce qui est parfaitement exact, mais c'est oublier la sauce d'accompagnement qui bouleverse radicalement ce bel ensemble de qualités.
Pour toutes ces raisons, pendant toute la phase amaigrissante, utilisez uniquement les sauces dont les ingrédients sont ici détaillés.

• La vinaigrette à la paraffine

C'est la meilleure solution de remplacement, à condition de ne pas avoir d'idées préconçues ni de diarrhée chronique.
L'huile de paraffine présente deux avantages majeurs : elle ne contient aucune calorie et, très bon lubrifiant, elle facilite le transit intestinal. Quelles que soient les rumeurs que vous entendrez au sujet de cette huile, n'en tenez pas compte, son usage, même prolongé, ne pose aucun problème. Son seul inconvénient concerne son dosage qui, s'il est trop élevé, fait peser le risque de légères fuites pouvant tacher les sous-vêtements.
Pour éviter ce type d'inconvénients et alléger sa consistance un peu plus lourde que celle de l'huile de table, préparez votre vinaigrette avec le mélange suivant :

- 1 dose d'huile de paraffine ;
- 1 dose d'eau pétillante ;
- 1 dose de moutarde ;
- 1 ou 2 doses de vinaigre.

Pour réaliser votre vinaigrette, préférez l'eau de Perrier qui facilite l'émulsion de la paraffine. Choisissez aussi avec grand soin un vinaigre

Attention à l'huile...

Dans un saladier ordinaire contenant deux belles laitues ou endives et 2 cuillerées à soupe d'huile, il y a 20 kcal de salade et 280 kcal d'huile... Méfiez-vous de l'huile, elle ne fait pas partie des aliments autorisés. L'huile d'olive ne déroge pas à la règle. Cette huile est unanimement reconnue pour ses bienfaits, et joue un rôle important dans la protection cardio-vasculaire, mais elle n'est pas moins riche en calories que les autres huiles du marché.

de qualité, tel le vinaigre de Xérès, le vinaigre balsamique ou le vinaigre de framboise, qui est parfaitement adapté à ce type de sauce car il est à la fois fruité et acidulé.

• La sauce au yaourt ou au fromage blanc

Pour ceux qui ne se résoudraient pas à l'usage de la paraffine, il est possible de se préparer une sauce savoureuse et naturelle avec un laitage allégé.

Choisissez un yaourt nature classique, plus onctueux que le yaourt maigre et à peine plus calorique.

Ajoutez 1 cuillerée à soupe rase de moutarde de Dijon et battez pour faire monter le mélange à la manière d'une mayonnaise, jusqu'à prise en masse. Ajoutez alors un filet de vinaigre, du sel, du poivre et des herbes.

Les modes de cuisson

• À la vapeur

Les légumes autorisés peuvent être cuits à l'eau, bouillis ou, mieux, à la vapeur pour conserver le maximum de vitamines.

• Au four

On peut aussi les préparer au four dans le jus de la viande ou du poisson. Quelques exemples : le loup au fenouil, la daurade à la tomate ou le chou farci à la viande de bœuf.

• En papillote

La cuisson en papillote conjugue tous les avantages, tant au niveau du goût que de la valeur nutritionnelle. Le poisson se cuisine particulièrement bien en papillote : le saumon par exemple conserve son moelleux sur un lit de poireaux ou de caviar d'aubergines.

• À la plancha

Soit une plaque réelle de plancha, soit sur une poêle antiadhésive épaisse. C'est une cuisson exceptionnelle qui fournit aux légumes un goût et une consistance nouveaux. Je la conseille tout particulièrement à tous ceux qui n'ont pas d'attirance particulière pour les légumes. Essayez avec vos enfants qui boudent ces aliments essentiels.

Pensez aux épices !

De récents travaux ont montré l'importance des sensations gustatives, de la quantité et de la variété des saveurs sur la production du rassasiement et de la satiété.

On sait par exemple aujourd'hui que certaines épices fournissant des saveurs extrêmes, notamment le clou de girofle, le gingembre, l'anis étoilé, la cardamome permettent l'accumulation de sensations puissantes et pénétrantes qui ont le pouvoir d'élever la jauge de l'hypothalamus, centre cérébral chargé de les comptabiliser jusqu'au déclenchement de la satiété. Il est donc très important d'utiliser autant que faire se peut et si possible en début de repas toute la gamme de ces épices et de tenter de s'y habituer si l'on n'est pas un amateur inconditionnel.

L'exercice physique prescrit sur ordonnance

Attention ! Vous entrez ici dans un secteur totalement neuf de ma méthode. Jusqu'à présent, je conseillais vivement l'activité physique, mais je ne l'avais pas incluse comme partie intégrante, absolue, radicale de mon plan. Aujourd'hui, je n'hésite pas à la prescrire sur ordonnance à mes patients. C'est le second moteur de ma méthode : l'APPSO (activité physique prescrite sur ordonnance).

La marche : un médicament amaigrissant

C'est ainsi que depuis 1 an je ne conseille plus la marche, je la prescris sur ordonnance à la manière d'un médicament.

Phase d'attaque	20 min/jour
Phase de croisière	30 min/jour
Phase de consolidation	30 min/jour
Phase de stabilisation	20 min/jour
En cas de stagnation et pour « casser un palier »	1 h/jour pendant 3 jours

Qu'est-ce que 20 minutes de marche quand on pense à tous les efforts, les dépenses, les contraintes, la motivation nécessaires pour maigrir ? Alors, je compte sur vous.

La marche, c'est l'activité :

- la plus naturellement humaine. Si nous ne sommes plus des singes c'est que nous nous sommes redressés et que nous marchons ;
- la plus efficace qui soit. En marchant d'un bon pas, on brûle plus qu'en jouant au tennis, car on ne joue physiquement que 20 minutes sur 60 minutes de court ;
- la moins onéreuse ;
- qui se pratique à n'importe quelle heure du jour et de la nuit ;
- qui blesse et abîme le moins les articulations ;
- qui fait le moins transpirer ;
- qui permet de faire d'autres choses dans un même temps : téléphoner, écouter de la musique, voire même lire ;

- qui donne le moins faim ;
- qui peut être pratiquée sans risque pour les obèses.
- la seule qui a les meilleures chances d'être maintenue longtemps si on en a ressenti et compris l'extraordinaire intérêt.

Bien sûr, il existe d'autres manières de bouger : les salles de gym, les appareils musculaires, les vélos d'appartement, les coachs sportifs, les sports de combat, la natation, l'aquagym, la danse moderne ou de salon, le tennis, etc. Mais tous ces exercices, aussi utiles soient-ils, sont des prothèses d'activité. Intéressants, mais ne pouvant revendiquer ce que la marche est en droit de faire : le statut de fonctionnement corporel universel de l'homme. Et à ce titre le meilleur moyen de renforcer puissamment le régime alimentaire.
Avec la marche, vous ajoutez tout simplement un deuxième général à votre armée du surpoids !

L'activité utilitaire intégrée au quotidien

Il s'agit en fait de tout ce que vous auriez besoin de faire par vous-même si le développement de la technologie ne vous en avait dessaisi. Si vous avez un problème de poids, vous devez essayer de changer d'attitude face à l'effort. Vous ne menez pas la vie pour laquelle vous êtes naturellement fait et cela vous fait grossir. Aujourd'hui, notre corps souffre de ne plus accomplir le minimum d'activité nécessaire au simple entretien de sa fonction musculaire. Cette carence d'utilisation corporelle nous empêche d'évacuer le trop-plein de calories alimentaires et ne nous laisse que la restriction et le régime pour éviter ou réduire la prise de poids. Mais plus grave, ne plus bouger – ce que nous pensons être un progrès – nous prive d'une partie de nous-mêmes, de ce que les Grecs appelaient « l'humanité corporelle ». Notre psychisme, notre affect, notre équilibre physiologique, notre système hormonal et immunitaire s'en ressentent et l'ensemble de ces manques se traduit par une souffrance inconsciente qui tôt ou tard ira chercher compensation dans l'aliment.

En dehors de la marche qui est le fondement de notre activité naturelle, je privilégie l'activité utilitaire au quotidien, celle qui doit rester votre « garde rapprochée », celle qu'il faut essayer d'arracher en partie aux robots économiseurs de mouvements.

Comment m'est venu le déclic de l'APPSO

À la suite de deux événements.

Le premier, c'est d'avoir vu dans une agence de voyage espagnole où j'attendais mon tour au guichet, trois employés assis sur des chaises à roulettes, deux d'entre eux se déplaçant à grandes embardées sur 2 ou 3 m pour chercher des dossiers ou imprimer des tickets, le troisième préférant se lever, et coïncidence, il était le seul mince.

Le deuxième m'est venu du traitement d'un patient devenu depuis mon ami. Je l'ai connu à 230 kg. Parvenu à 140 kg, il a décidé d'arrêté de fumer et il a cessé de maigrir. Je m'apprêtais à le stabiliser, mais il avait à cœur de maigrir encore. Je lui ai prescrit 45 minutes de marche par jour sur une ordonnance comme condition absolue. Malgré ses fonctions de haut P-DG et ses réticences, il l'a fait. Il est aujourd'hui à un poids de 100 kg.

• Oubliez l'ascenseur

Une femme de 30 à 40 ans qui se plaint en arrivant à ma consultation d'avoir dû grimper à pied mes quatre étages pour panne d'ascenseur est une femme qui a « perdu son corps ».

Cinq marches aller/retour c'est 1 kcal consommée, 4 étages deux fois par jour c'est tout simplement 1 400 kcal brûlées sur une année, soit près de 2 kg de graisse de moins sur la balance.

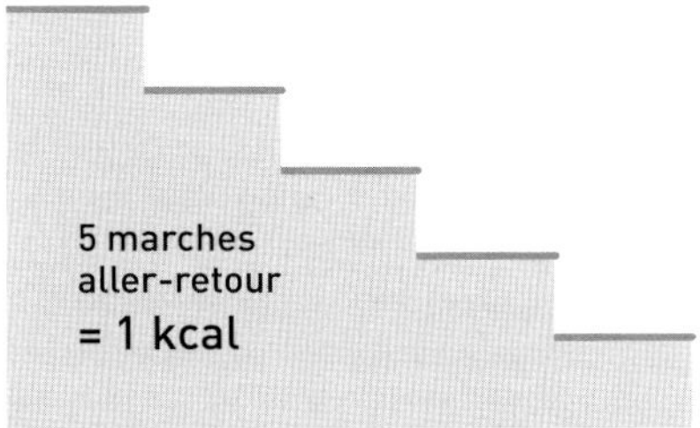

• Pensez aux petites tâches quotidiennes

> Passez l'aspirateur sans chercher à ménager votre effort. Faites-le comme vous le feriez dans une salle de gym en actionnant des appareils payants.

> Faites vos courses à pied et soyez fier de le faire.

> Sortez votre chien.

> Faites votre lit mais faites-le bien. Ne pliez pas le dos en jouant sur la charnière lombaire, mais pliez les genoux.

> N'ayez pas peur de porter tout type d'objet ou de paquet.

> Pour ramasser au sol, ne pliez pas votre dos, pliez vos genoux !

> Jardinez ! C'est un formidable moyen de brûler des calories.

Le roi des exercices

Cet exercice qui sollicite les cuisses, les épaules et les dorsaux est à faire dans son lit une fois en y entrant et une fois en en sortant.

• Disposez à la tête de votre lit un traversin contre le mur et un coussin incliné posé sur le traversin pour former un plan incliné de 45°.

• Allongez-vous en position assise de manière à ce que votre buste suive la même inclinaison que votre coussin. Pliez les genoux à près de 90°.

• Redressez-vous alors de votre position inclinée à la position verticale et redescendez jusqu'à toucher du dos le coussin. Refaites ce mouvement successivement entre 10 et 30 fois.

• Dès que vous sentirez vos abdominaux se fatiguer, modifiez le mouvement. Relevez votre buste en tirant uniquement sur les bras. L'avantage est de laisser reposer le ventre au profit des bras et cela vous permet de continuer ce mouvement simple et rapide sans vous fatiguer. Et quand les biceps commencent à chauffer, vous pouvez repasser aux abdominaux.

• Commencez par réaliser des séances de 15 matin/15 soir. L'objectif, très facile à atteindre, est en quelques jours ou semaines de réaliser 200 mouvements le matin et 200 le soir pour une séance qui ne dure que quelques minutes.

En quoi ce mouvement est-il « royal » ?

Parce qu'il met en mouvement la ceinture abdominale qui se relâche naturellement avec l'âge chez l'homme et la femme. Il met en tension les muscles des bras, premiers marqueurs du ramollissement cutané. Il sollicite les cuisses, les épaules et les dorsaux. Et il se pratique dans votre lit.

Alors, si vous ne deviez faire qu'un seul mouvement, ce serait celui-ci.

Vivement l'hiver !

En marchant à une température voisine de 0 °C vous consommez 25 % de calories supplémentaires. Sortez suffisamment couvert, mais pas trop. Juste pour ne pas avoir froid ni manquer de vous enrhumer.

MENUS TYPES DE LA PHASE 2 (CROISIÈRE)

	Aumônières de moules au saumon fumé (voir p. 138)	Mille-feuilles de concombre et saumon (voir p. 140)	Crème tofuchoc (voir p. 222)
	LUNDI	**MARDI**	**MERCREDI**
Petit déjeuner	> Boisson chaude > Fromage blanc à 0 % > 1 galette au son d'avoine (voir p. 42)	> Boisson chaude > Œufs brouillés > Viande des Grisons	> Boisson chaude > Flan maison > Jambon dégraissé découenné
Déjeuner	> Aumônières de moules au saumon fumé (voir p. 138) > Émincé de veau citron > Mousse aérienne à la pistache (voir p. 220)	> Mille-feuilles de concombre et saumon (voir p. 140) > Coques méditerranéennes (voir p. 180) > Compote de rhubarbe (voir p. 224)	> Gambas en verrines dans leur sauce vanillée (voir p. 134) > Médaillons de sole au saumon (voir p. 182) > Crème au thé et à la bergamote
Collation	> Flan maison	> 1 galette au son d'avoine (voir p. 42)	> Fromage frais à 0 % + 2 c. à s. de son d'avoine
Dîner	> Mousse de saint-jacques > Escalopes de poulet aux herbes de Provence > Cheese cake → **PP**	> Crevettes sauce curry et ses tomates-cerises (voir p. 142) > Blanquette de veau anisée au fenouil (voir p. 188) > Yaourt nature à 0 % → **PL**	> Quiche au tofu fumé > Crevettes sautées à la vanille > Crème tofuchoc (voir p. 222) → **PP**

Ici, alternance 1 PP (protéines pures)/1 PL (protéines + légumes) + 2 c. à s. de son d'avoine chaque jour.

Lapin à la moutarde et ses endives braisées (voir p. 186)

Soufflé glacé au chocolat (voir p. 218)

Bœuf aux poivrons (voir p. 204)

Saint-jacques poêlées, vanille en écume (voir p. 136)

JEUDI	VENDREDI	SAMEDI	DIMANCHE
> Boisson chaude > 1 galette au son d'avoine (voir p. 42) > Faisselle à 0 %	> Boisson chaude > Omelette > Tranches de dinde dégraissées	> Boisson chaude > Faisselle à 0 % > Tranches de poulet dégraissées	> Boisson chaude > Petits-suisses à 0 % > 1 galette au son d'avoine (voir p. 42)
> Couronne de légumes grillés (voir p. 152) > Lapin à la moutarde et ses endives braisées (voir p. 186) > Gratin à la compote de rhubarbe	> Mini-bouchées au saumon fumé (voir p. 146) > Rôti de veau sauce moutarde au curry > Soufflé glacé au chocolat (voir p. 218)	> Bouchées de concombre aux œufs de lump (voir p. 150) > Bœuf aux poivrons (voir p. 204) > La tropézienne (voir p. 226)	> Saint-jacques poêlées, vanille en écume (voir p. 136) > Colombo de poulet > Mousse au café et à l'amande
> Bâtonnets de surimi	> 1 galette au son d'avoine (voir p. 42)	> Petits-suisses à 0 %	> Yaourt à 0 %
> Duo léger saumon-brocoli (voir p. 148) > Moules à l'orientale (voir p. 186) > Crèmes au fromage frais (voir p. 230) → **PL**	> Rillettes de lapin > Filets de sole à l'estragon > Pain d'épice (voir p. 228) → **PP**	> Verrines de jambon et de tomates en sauce (voir p. 158) > Flan à la carotte (voir p. 190) > Mousse pulp au citron (voir p. 232) → **PL**	> Roulés de fromage frais au jambon > Tarte au poulet aux sons > Petits roulés à la crème Grand Marnier (voir p. 234) → **PP**

Mon régime au quotidien (phase 2)

La phase 2 de croisière est à la fois plus simple à gérer en société, car les aliments que vous pouvez consommer sont plus nombreux, mais également plus complexe, car les tentations sont aussi plus grandes, et les dérapages plus faciles.

En famille

Si vous avez des enfants, préparez les céréales ou les féculents à part : pâtes, riz ou pommes de terre. Cuisinez vos légumes à la vapeur et conservez-en une partie pour vous. Vous pouvez ensuite faire revenir à la poêle le reste des légumes pour les plus gourmands. Si vous manquez de temps, voici une petite astuce toute simple pour ne pas réaliser dix plats différents : présentez des légumes vapeur sur la table pour tout le monde, et proposez une huile vierge (très riche en oméga 3/6/9) en guise d'assaisonnement. Les enfants raffolent des brocolis arrosés d'un filet d'huile de noisette vierge ou des pois gourmands agrémentés d'huile de noix. Quant à vous, consommez vos légumes sans huile, en prenant soin de disposer sur la table vos épices préférées afin que les légumes soient à votre goût.

À l'apéritif

Si vous avez des invités, le choix est plus large qu'en phase 1 : remplissez vos bols apéritifs de légumes à croquer et de tomates-cerises. Vous pourrez ainsi picorer sans danger. Entre le surimi, les lamelles de jambon blanc et les légumes, le choix est large. Ici encore, le danger peut provenir de la sauce, surtout si vous êtes invité. Les légumes sont déjà assaisonnés ? Passez votre chemin. Évitez bien entendu de tremper vos morceaux de légumes dans les sauces proposées si celles-ci sont à part. Enfin, si vous êtes invité chez un ami qui raffole des friands, feuilletés et autres petits-fours, pensez à caler votre estomac avant de partir avec un œuf dur ou quelques bâtonnets de surimi, et optez pour la tactique du verre à la main : remplissez-le d'eau pétillante et veillez à ce qu'il reste plein afin qu'on ne vous serve pas contre votre volonté une coupe de champagne ! Le fait que vous ayez les mains occupées éloignera les serveurs de petits-fours...

Au restaurant

Vous pouvez choisir sur la carte une viande, du poisson et des légumes verts. Interrogez toujours le serveur : comment les haricots sont-ils préparés ? S'ils sont assaisonnés, optez pour la salade verte, et demandez la sauce à part. Vous pouvez prévoir d'emporter dans votre sac un peu de sauce vinaigrette à la paraffine pour assaisonner vous-même votre plat. Sinon, pensez à mêler des morceaux de viande avec votre salade afin que celle-ci ne vous paraisse pas trop insipide.
Si le service est long, il vous est possible de grignoter, en attendant, quelques cornichons, considérés comme des légumes. Éloignez la corbeille de pain (interdit). Si vous aimez la moutarde, vous pouvez en déposer un peu sur le bord de votre assiette : son acidité peut vous aider à patienter et vous couper l'appétit.

Questions - Réponses

En phase de croisière, a-t-on le droit aux yaourts à 0 % mais avec des fruits ?

→ Les yaourts nature à 0 % sont autorisés sans restriction. Les yaourts à 0 % dits « aromatisés » sont aussi permis « à volonté ». En ce qui concerne les 0 % contenant des morceaux de fruits ou de la compote, la réponse est « possible mais avec un maximum de 2 yaourts aux fruits par jour ». Cette tolérance est valable quand le poids baisse selon les attentes. En cas de petite vitesse, ne dépassez pas un de ces yaourts par jour. En cas de stagnation, arrêtez totalement.

Est-il possible de consommer des carottes et des betteraves chaque jour ?

→ Carottes et betteraves sont réputées sucrées et le sont effectivement. Néanmoins, elles ne contiennent pas autant de sucre qu'on le pense. Ce sont cependant des sucres de pénétration rapide, tout particulièrement les carottes lorsqu'elles sont cuites.

→ Évitez ces deux légumes si vous êtes tenté d'en consommer trop ou trop souvent et si vous ne pouvez manger vos carottes râpées que baignant dans la vinaigrette des plats tout prêts.

En phase de croisière, a-t-on le droit à la moutarde et en quelle quantité ?

→ Moutarde de Dijon forte ou normale, oui sans restriction. La moutarde à l'ancienne se prête bien au mélange de la vinaigrette balsamique.

→ En revanche, évitez la Savora qui est trop sucrée. Si vous avez tendance à faire de la rétention d'eau, n'abusez pas de la moutarde : elle contient du sel.

J'ai réintroduit les légumes et ma perte de poids a ralenti, vais-je regrossir ?

→ Il est normal que votre perte de poids ralentisse, mais rassurez-vous, vous n'allez pas regrossir. En phase 1, les protéines pures permettent une perte rapide de graisse et d'eau. Ce régime est hydrofuge : les protéines chassent l'eau. Quand vous ajoutez les légumes, vous ajoutez de l'eau et des sels minéraux, le régime est alors beaucoup moins hydrofuge. Vous allez continuer à maigrir, mais plus lentement, car l'eau que vous aviez chassée revient un peu, ce qui tend à camoufler la perte de graisse. Sur la balance, vous avez l'impression de stagner.

→ L'alternance permet cependant au régime de rester très efficace : dès que vous reprenez les protéines pures, la perte de poids s'affiche de nouveau. Surtout, ne vous découragez pas en voyant la balance se bloquer, car tout écart alimentaire déséquilibre le système en lui apportant de vraies raisons de stagner.

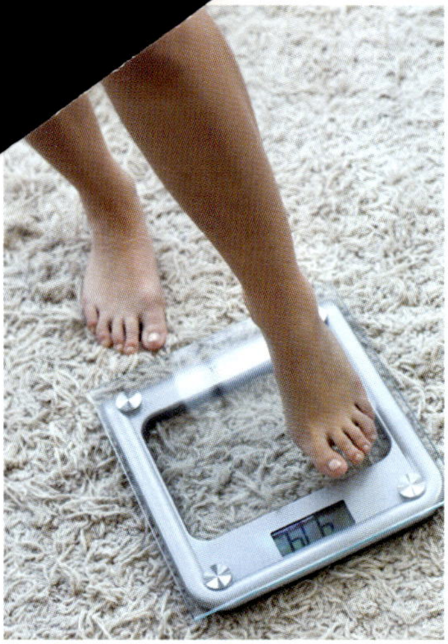

Bilan de la phase 2

Vous perdez du poids par palier

Au cours de la phase 2, votre organisme va passer en vitesse de croisière : vous allez maigrir moins vite qu'en phase 1, mais, palier après palier, vous perdrez le poids souhaité. Au cours des 2 premiers mois, vous perdrez peu à peu vos huit à dix premiers kilos. Les paliers que vous constaterez sont liés à la réintégration des légumes et à la quantité d'eau qu'ils apportent. Il ne faut surtout pas vous décourager devant le ralentissement de l'amaigrissement, celui-ci est normal. Si vous êtes en période de ménopause, à la fin de votre cycle menstruel, ou si vous avez déjà testé de nombreux régimes avant celui-ci, il se peut que votre organisme soit plus récalcitrant. Ne cédez pas, c'est lui qui finira par céder. Et la marche est le meilleur moyen de forcer le passage (1 h/j x 3 jours).

Et si vous sentiez votre motivation faiblir...

Après l'euphorie de la phase 1, au cours de laquelle vous n'aviez jamais perdu aussi rapidement tous ces kilos, vous allez trouver que la phase 2 est plus lente. Le danger vient de cette impression. Il faut donc se le dire et se le répéter : en suivant les consignes à la lettre, on obtient un amaigrissement durable et qui sera stable sur le long terme.

Et le temps n'est pas votre ennemi, car n'oubliez pas que l'objectif est d'apprendre, dès le poids visé atteint, à le maintenir dans le temps.

Afin de réussir cette étape, concentrez-vous sur les consignes plutôt que sur la balance. Recopiez la liste des légumes autorisés, faites vos courses à l'avance pour ne manquer de rien, préparez les sauces adaptées afin que des calories sournoises n'entrent pas peu à peu dans vos menus. Restez objectif et notez consciencieusement ce que vous avez consommé dans la journée, votre vigilance sera payante. Dites-vous que plus la liste des aliments autorisés s'allonge, plus les tentations sont grandes, et plus le risque que votre régime aboutisse à un échec se rapproche. Soyez donc encore plus vigilant qu'en phase 1.

Vous avez fait des écarts

Et alors ? Soit vous avez perdu la journée, soit vous ajoutez une demi-heure de marche à votre quotidien, soit vous passez aux protéines pures le lendemain et tout est rentré dans l'ordre. On n'y pense plus et surtout on ne culpabilise pas.

Vous avez abandonné... rien n'est perdu

Respirez un bon coup et reprenez le chemin en ma compagnie. Il n'est pas question de vous laisser sur le bord du chemin. Si vous avez lâché, c'est qu'il y a une raison. Habituellement, c'est une difficulté, un gros stress, une petite déprime, une perte de motivation. La seule chose qui importe est de ne pas battre en retraite en mode déroute et perdre le bénéfice acquis, le fruit de vos efforts. Il est à vous, vous devez le protéger. Pour cela, si réellement vous devez arrêter, passez par la bonne sortie, passez immédiatement en phase 3 de consolidation en respectant la consigne de durée de 10 jours par kilo perdu. Puis passez en stabilisation. Et dès que la motivation reviendra, vous serez fier de vous de ne pas avoir sombré et vous serez prêt à repartir pour aller jusqu'à l'objectif fixé.

La phase de croisière en bref...

Vous conservez au menu
les protéines autorisées
dans la liste de la phase 1
(voir p. 38) toujours à volonté.

Et vous ajoutez à votre menu
tous les légumes verts.
Tomates, concombres, radis, épinards, asperges, poireaux, haricots verts, choux, champignons, céleri, fenouil, toutes les salades y compris les endives, les blettes, aubergines, courgettes, poivrons et même les carottes et les betteraves à condition de ne pas en consommer à chaque repas.

Comme pour les protéines,
les légumes se
consomment à volonté,
sans restriction de quantité.

Méfiez-vous des sauces
de salade, les huiles
sont interdites.

Vous devez marcher 30 minutes par jour et faire votre roi des exercices. S'il vous arrive de stagner, passez à 60 minutes de marche pendant 3 jours.

L'alternance

En phase de croisière, faites alterner période de protéines avec légumes et période de protéines sans légumes jusqu'à l'obtention du poids fixé.

Vous choisissez un rythme d'alternance et vous vous y tenez.

Une journée de protéines pures, une journée de protéines-légumes, ou 5 jours/5 jours. Si vous n'avez pas trop de poids à perdre, vous pouvez opter pour l'alternance 2 jours/5 jours, ou 2 jours de protéines pures et 5 jours de régime normal.

Vous continuez à consommer de 1 à 2 cuillerées à soupe de son d'avoine par jour.

Phase 3 : la consolidation

Une fois votre juste poids atteint, passez en phase de consolidation, transition incontournable entre le régime et le non-régime.

Les objectifs
de la phase 3

Une consolidation de 10 jours par kilo perdu

Vous allez consolider le poids obtenu en restant 10 jours en phase de consolidation par kilo perdu. Autrement dit, si vous avez perdu 5 kg, vous devrez suivre cette phase 50 jours, si vous en avez perdu 30, vous devrez vous y maintenir pendant 300 jours. Mais rassurez-vous, même si la consolidation est une période délicate, vous allez pouvoir à nouveau consommer des aliments qui jusque-là étaient interdits. Les menus seront donc plus variés, votre plaisir ne sera pas oublié.

Un objectif de poids « atteignable et conservable »

Pour déterminer votre juste poids, il vous faut un avis construit par un spécialiste à partir de tous les paramètres qui interviennent dans le choix de ce poids capital à fixer.
Pour cela, il faut intégrer le poids maximum jamais pesé qui laisse des traces, le poids minimum, celui que vous avez le plus longtemps porté dans votre vie, ainsi que le poids dont vous rêvez. Il faut également intégrer le sexe et l'âge, chaque décade après 18 ans élève votre juste poids de 1 kg si vous êtes une femme et de 1,2 kg pour un homme. Et aussi votre ossature qui peut vous apporter 1 kg ou le retrancher selon qu'elle est épaisse ou fine. Enfin le nombre de régimes déjà suivis et l'hérédité familiale du surpoids. Chaque surpoids est unique. Pour le fixer et le calculer précisément, rendez-vous sur le site www.livredemonpoids.com et entrez dans « votre poids d'avenir », remplissez le questionnaire et vous l'aurez aussitôt.

Une phase de transition capitale

Pendant vos deux premières phases d'attaque puis de croisière, vous avez maigri et votre corps s'est battu pour conserver ses réserves, mais il a perdu la partie.
Durant cette période de lutte, il a développé une double réaction dont vous devez être averti : profit + économie.
• **Profit majoré :** plus vous maigrissez, plus votre corps élève le profit

qu'il tire de chaque parcelle d'aliment. Au stade où vous vous trouvez, ce profit avoisine les 100 %.

• **Économie poussée :** plus vous maigrissez, plus votre corps cherche à réduire ses dépenses métaboliques, hormonales, digestives motrices. En conséquence, il est capital de ne pas fournir à ce corps avide et économe des aliments trop riches, dont il ferait un profit extrême.

Une lutte contre l'effet rebond

Heureusement pour vous, cette attitude d'extrême réactivité s'atténuera avec le temps si votre corps perçoit que vous commencez à le réalimenter de façon plus ouverte, variée et énergétique. Pendant ce temps, vous êtes vulnérable. Avec l'expérience, j'ai pu évaluer la durée de cette vulnérabilité, elle est proportionnelle au poids perdu.
Durée de la consolidation : 10 jours par kilo perdu. Oh ! C'est simple. Vous avez perdu 5 kg, votre consolidation devra durer 50 jours. 10 kg, 100 jours.

Pourquoi y a-t-il un effet rebond ?

Votre corps réagit au pillage de ses réserves en réduisant progressivement ses dépenses d'énergie et surtout en intensifiant le plus possible le rendement et l'assimilation, c'est-à-dire le profit de tout aliment consommé. Vous êtes donc assis sur un volcan et en possession d'un corps qui n'attend que le moment propice pour refaire ses réserves perdues. Un repas copieux qui n'aurait eu que peu d'effets avant le début du régime sera lourd de conséquences en fin de régime.

Combien de temps dure un effet rebond ?

L'effet rebond se poursuit tout au long de la phase de consolidation, c'est-à-dire 10 jours par kilo perdu. Des consignes de temps trop floues en phase de consolidation, une euphorie liée à la victoire des kilos perdus mettent souvent en péril le régime si cette consigne de temps n'est pas parfaitement suivie.

Les règles de la phase 3

Pendant toute la durée de cette consolidation du poids perdu, vous suivrez le plus fidèlement possible le régime qui va suivre.

Durée : 10 jours par kilo perdu

Souvenez-vous qu'un échec sur deux survient dans les trois premiers mois qui suivent l'accès au poids désiré.
Notez également que cette phase de consolidation vous propose une alimentation équilibrée, mais n'est en aucun cas un régime destiné à vous faire perdre du poids. Suivre les consignes de la phase 3, c'est être assuré de consolider le poids atteint. Ne négligez aucune règle, et surtout pas la règle du temps : 10 jours par kilo perdu, c'est à peu près le temps qu'il faudra à votre corps pour oublier et faire le deuil de son poids d'autrefois. Au cours de cette période, vous allez réapprivoiser lentement votre corps et votre appétit, lui redonner un peu de liberté, mais un peu seulement : vous êtes en liberté surveillée !

La réintroduction d'aliments interdits, mais en quantité bien précise

Outre les aliments protéinés et les légumes de la phase 2, le pain, les fruits, le fromage et certains féculents vont enfin vous être autorisés. L'accès à certains plats ou aliments de plaisir, sera également possible. Mais attention, vous devrez respecter un ordre d'introduction strict et une batterie de consignes suffisamment précises pour éviter tout dérapage.

• 1 portion de fruits par jour

En pratique, tous les fruits, sauf le raisin, la banane, les cerises et les fruits secs. Les fruits sont des aliments sains, bourrés de vitamines, mais riches, essentiellement en sucres plutôt rapides. Donc leur consommation est à encadrer et pour l'instant, tenez-vous-en à 1 portion par jour. La consommation de fruits n'est pas anodine, on oublie souvent qu'ils sont aussi naturellement pourvus de sucres directement assimilables.

Considérez qu'une portion = une unité : une pomme, une poire, une orange, un pamplemousse, une pêche, un brugnon, une nectarine. Pour les petits fruits, comptez avec une coupe : une coupe de fraises ou de framboises. Pour les très gros (melon, pastèque), coupez-les en deux. Pour les fruits de taille moyenne, comptez jusqu'à deux : deux abricots, deux prunes...

• 2 tranches de pain complet par jour

Utilisées à n'importe quel moment de la journée, au petit déjeuner, à midi en sandwich avec de la viande froide ou du jambon, ou encore le soir avec votre portion de fromage.

• 40 g de fromage affiné par jour

Vous avez droit à tous les fromages à pâte cuite : le gouda, la tomme de Savoie, le comté... Évitez encore les fromages à pâte fermentée comme le camembert, le roquefort et le chèvre. Une portion correspond à 40 g. Pour vous donner une idée de la taille du morceau à prélever sur le fromage, pensez qu'une portion de Vache qui rit pèse 25 g. Vous avez donc droit à un peu moins que deux morceaux de Vache qui rit. Attention : veillez à prendre cette portion en une seule fois, afin d'éviter les dérapages sur les quantités et les grignotages.

• 2 portions de féculents par semaine

Évitez le riz et les pommes de terre (portion de 125 g).

> Les pâtes alimentaires

C'est le féculent le mieux adapté au propos du moment, car les pâtes sont fabriquées à partir de blé dur, dont la texture végétale est très résistante. Cette résistance ralentit la digestion. Il en existe aujourd'hui à la farine complète. De plus, les pâtes sont des aliments appréciés de tous les publics et rarement associés à la notion de « régime ». Il est facile de les faire entrer dans vos menus. Méfiez-vous cependant des assaisonnements : le beurre, l'huile, la crème ou le gruyère doublent la valeur calorique de votre plat de pâtes. Prenez une portion correcte (220 g de pâtes cuites) et choisissez un assaisonnement léger : une bonne sauce tomate fraîche, avec quelques oignons et des aromates.

> Les semoules de couscous, la polenta, le boulgour, les grains de blés entiers

Ils sont autorisés par portion de 220 g.

Votre couscous sans ajout de matière grasse

Placez la semoule dans un récipient en terre cuite et ajoutez de l'eau aromatisée avec un cube saveur pot-au-feu. Noyez la semoule avec de l'eau – le niveau d'eau doit dépasser d'au moins 1 cm. Laissez la graine s'imbiber et gonfler pendant 20 secondes, puis passez au micro-ondes pendant 1 minute. Sortez le plat du four et mélangez avec une fourchette pour éviter les grumeaux... Repassez le tout au micro-ondes 1 minute, c'est prêt !

Mangez lentement et pensez à ce que vous mangez

Nous réintégrons dans cette phase du régime des aliments plaisirs. Savourez-les ! Le fait de manger lentement diminuera votre appétit : au bout de 20 minutes, la sensation de satiété apparaîtra. Vous apprendrez également à apprécier toutes ces textures et saveurs jusque-là interdites. Habituez-vous à prendre votre temps, tout particulièrement si vous aviez l'habitude, avant votre régime, de vous jeter goulûment sur la nourriture.

> Le riz complet

Il est tout aussi intéressant, toujours à la dose de 220 g. Quant au riz blanc et à la pomme de terre, attendez encore un peu. Ce sont des sucres un peu trop « rapides » pour le moment.

> Les lentilles

Elles sont l'un des sucres les plus lents de la création, elles sont très rassasiantes, et extrêmement riches en fer. Vous avez droit à une portion de 220 g. N'ajoutez pas de matières grasses.

Flageolets, pois secs et pois cassés sont autorisés dans les mêmes proportions, et sans matières grasses.

• 1 portion de gigot d'agneau et de rôti de porc dans le filet par semaine

Évitez comme la peste la première tranche du gigot qui est trop grasse et dont le gras de surface, trop cuit, est cancérigène. Quant au rôti de porc, distinguez bien celui coupé dans le filet de celui coupé dans l'échine, beaucoup trop gras. Vous pouvez consommer du jambon blanc en toute liberté, mais le jambon cru reste interdit.

Deux repas de gala par semaine

Deux fois par semaine, vous aurez la possibilité de faire des repas en toute liberté, sans vous soucier des aliments autorisés ou non. Il s'agit bien de deux repas par semaine, et non de deux journées par semaine. Souvent, mes patients confondent... Un repas de gala, c'est une entrée de votre choix (pourquoi pas une tranche de foie gras), un plat principal (pourquoi pas un cassoulet) et un dessert (pourquoi pas une tarte tatin) et un verre de vin. Mais attention ! Tout cela est à vous à une condition précise : on ne se ressert pas deux fois du même plat. Tout se consomme et se boit « à l'unité ». D'autre part, jamais deux repas de gala successifs. Laissez au minimum une journée entre les deux pour que votre organisme ait le temps de nettoyer le surplus.

Un jour de protéines pures par semaine

Cette journée de protéines pures sera la garantie que vous ne reprendrez pas de poids. Vous aurez donc uniquement droit aux protéines de la phase d'attaque (voir liste p. 38), sans limite de quantité. Encore un petit effort, c'est la seule contrainte de cette phase de consolidation. Respectez autant que possible le jeudi comme journée de protéines pures.

Que manger en phase 3 ?

Votre éventail d'aliments autorisés s'élargit enfin ! Vous allez retrouver avec plaisir certains aliments que vous n'aviez pas mangés depuis longtemps.

Bien évidemment, vous avez droit aux protéines de la phase 1 (voir liste p. 38) ainsi qu'à tous les légumes réintroduits en phase 2 (voir liste p. 67). En plus, vous pouvez ajouter les aliments suivants, tout en respectant la fréquence et les quantités annoncées dans les règles. Vous pourrez manger les aliments « interdits » lors de vos repas de gala.

Fruits (1 portion par jour)

Autorisés	Interdits
Abricot	Amande
Brugnon	Banane
Clémentine	Cacahuète
Fraise	Cerise
Framboise	Noisette
Melon	Noix
Mûre	Noix de cajou
Nectarine	Pistache
Orange	Raisin
Pamplemousse	
Pastèque	
Pêche	
Poire	
Pomme	
Prune…	

Pain (2 tranches par jour)

Autorisés	Interdits
Pain complet	Baguette
Pain intégral	Pain blanc
	Pain de mie

Fromage (1 portion par jour)

Autorisés	**Interdits**
Beaufort	Brie
Comté	Camembert
Édam	Chèvre
Emmental	Roquefort
Gouda	(pâtes molles)
Mimolette	
Tomme de Savoie	
Vache qui rit	
(pâtes cuites)	

Féculents (2 fois par semaine)

Autorisés	**Interdits**
Boulgour	Chips
Flageolets	Frites
Grains de blé précuits	Pommes de terre sautées
Haricots blancs et rouges	Riz blanc
Lentilles	
Pâtes	
Petits pois	
Pois cassés	
Pois secs	
Polenta	
Semoule de blé	

Viandes (voir liste p. 38 à laquelle on ajoute)

Autorisés	**Interdits**
Gigot d'agneau	Échine de porc
Filet de porc	Gras autour du jambon
Jambon blanc	Jambon cru
	Jambon de pays
	Morceaux gras du gigot (entame)

Bien gérer les repas de gala

Deux fois par semaine, vous aurez donc la possibilité de faire un bon repas, comme vous l'entendez, en toute liberté. Attention, il n'est pas question de « journée de gala », mais de repas de gala. Au cours de ces deux repas, vous avez la possibilité de consommer n'importe quel type d'aliment, et en particulier ceux qui vous ont manqué au cours des deux premières phases du régime.

Organisez-vous

Le repas de gala se pratique au cours de n'importe lequel des deux repas principaux de la journée, avec une préférence pour le dîner afin d'avoir le temps d'en profiter et d'éviter le stress professionnel ambiant qui vous en ferait perdre des miettes. Prévoyez votre semaine : si vous êtes invité, ou si vous recevez des amis pour le week-end, optez pour les repas de gala pendant ces jours de fête. Veillez tout de même à ce que ces deux repas ne soient pas trop proches dans le temps...

Deux conditions

Vous avez droit à tout, mais :

- vous ne devez pas vous resservir ;
- vous ne devez jamais faire deux repas de gala à la suite.

Intercalez systématiquement un repas de la phase 3. Si vous avez par exemple choisi le mardi à midi comme premier repas de gala, vous ne devez pas recommencer le mardi soir.

Vous avez donc droit à tout, mais à l'unité :

- une entrée
- un plat principal
- un dessert ou du fromage
- un verre de vin.

Choucroute ? Paella ? Gâteau au chocolat ? Le menu est libre. Mais il est pris à l'unité.

Attention à l'apéritif : si vous avez bu une coupe de champagne tout en discutant, vous n'aurez pas droit au vin au cours du repas.

Sachez « refermer la porte » d'un repas de gala

Contrairement à ce que l'on pourrait penser, le risque de ces deux moments de plaisir ne réside pas dans la composition du repas en lui-même, mais dans celle du repas suivant. En effet, avec un dîner de gala, vous ouvrez la porte à la liberté, et le plaisir s'invite à nouveau à votre table. Les difficultés surviennent souvent au cours du repas suivant, lorsqu'il faut retourner sous le joug d'une certaine contrainte. Le plus simple est de garder cette remarque à l'esprit, de la noter sur son agenda pour un lendemain de fête, afin de se conditionner et de retourner sans problème en phase de consolidation.

Faites-vous plaisir !

Ces deux menus libres permettent également un apprentissage du plaisir qu'il faut réapprivoiser. Si, avant votre régime, vous aviez malheureusement l'habitude de grignoter en regardant la télévision, ou de vous jeter à corps perdu sur un pot de pâte à tartiner, ces deux repas sont là pour vous initier à une tout autre forme de plaisir. Savourez, mastiquez lentement, prenez votre temps et pensez à ce que vous mangez. Le plaisir et la gloutonnerie sont deux façons très différentes d'apprécier la nourriture. Nous voulons ici ouvrir la porte au plaisir, et non à une manière déréglée d'absorber la nourriture. Sur le long terme, une façon compulsive de se nourrir met forcément votre régime en échec.

Deux astuces pour éviter de vous resservir

- Au restaurant, on vous apporte une assiette garnie. Vous ne demandez pas à être resservi... chez vous, agissez comme au restaurant. Remplissez votre assiette, mais ne vous resservez pas.
- Vous pouvez préparer des assiettes individuelles, et ne pas apporter le plat sur la table.

Le jeudi de protéines pures

Au cours de cette journée, vous consommerez uniquement les protéines les plus pures possible, comme si vous vous trouviez dans la phase 1 de votre régime. La liste des aliments autorisés est donc celle de la phase 1 (voir p. 38).

Pourquoi choisir le jeudi ?

J'ai choisi le jeudi de façon arbitraire. Si le jeudi ne vous convient absolument pas, car dans votre organisation professionnelle, consommer des protéines pures risque d'être difficile, vous pouvez choisir un autre jour, mais attention : fixez-vous un jour définitivement, et ne dérogez pas à la règle. Si votre jour de protéines pures devient flottant, c'est toute la phase de consolidation qui est en péril.

Et si je n'ai pas pu respecter mon jeudi protéiné ?

Il peut arriver que le régime soit impossible au cours d'une semaine particulière, mais attention, cela ne doit pas devenir une habitude. Dans ce cas, rattrapez le jour suivant. Mais sachez qu'entre décaler et abandonner, il n'y a qu'un pas. Une autre solution peut consister à anticiper le problème : si vous voyez sur votre agenda un jeudi lourd de repas d'affaires ou de dîner entre amis, prévoyez votre journée de protéines le mercredi. Ainsi, vous conservez la maîtrise de votre planning de régime. Mais encore une fois, pensez que votre organisme adore les habitudes et déteste les imprévus. Plus votre mode d'alimentation sera régulier au cours de votre semaine, moins vous prenez de risque par rapport au fameux effet rebond dont nous avons parlé p. 87.

Pourquoi cette journée est-elle indispensable ?

La phase de consolidation est une phase délicate. L'effet rebond peut survenir n'importe quand, tant que vous n'aurez pas passé ce cap qui sera d'autant plus long que vous aurez perdu beaucoup de poids. Cette journée protéinée agit comme un rempart face à l'effet rebond, et vous aide à stabiliser votre poids. Elle n'est donc en aucun cas négociable. N'oubliez pas que cette période de consolidation est une phase où votre organisme est hautement réactif. Au moindre faux pas, le rebond interviendra. Le jeudi de protéines pures est une sécurité.

Le jeudi, c'est pour la vie

Autant se faire une raison tout de suite : comme nous le verrons en phase de stabilisation, les jeudis de protéines pures sont la seule consigne non négociable que vous devrez conserver pour toujours en refermant ce livre et en clôturant votre régime. Vous avez été en surpoids, et votre corps s'en souvient. Disons que pour l'instant votre organisme est « en liberté surveillée ». Plus tard, en phase de stabilisation, vous retrouverez la liberté totale, mais vous ne devrez jamais oublier que votre corps, pendant une période de votre vie, a été différent. Ces jeudis vont vous permettre de vivre normalement, de ne pas reprendre de poids, et de manger comme tout le monde. Mais autant vous faire une raison tout de suite, les jeudis ne disparaîtront pas, car ils accompagnent et surveillent vos kilos du passé…

Pensez au poisson !

Le poisson est moins calorique, que la viande
En effet, les poissons maigres (sole, colin, cabillaud, merlu, raie) n'atteignent pas 100 kcal/100 g, alors que le bœuf le plus maigre fournit encore 160 kcal. Quant aux poissons les plus gras, comme le saumon et le maquereau, ils ne dépassent pas 200 kcal, alors que la viande grasse fournit environ 340 kcal et certains morceaux de porc peuvent même atteindre 480 kcal. Ainsi, le plus gras des poissons est souvent encore moins calorique qu'un steak de bœuf ordinaire. Le poisson est, de ce fait, particulièrement recommandé dans les régimes minceur à la condition expresse de lui éviter la cuisson en friture qui élève brutalement sa facture calorique.

MENUS TYPES DE LA PHASE 3 (CONSOLIDATION)

	Lasagnes d'aubergine au tofu (voir p. 200)	Soja entre deux fraises (voir p. 248)	Crevettes et poulet sauce coco aux épices (voir p. 212)
	LUNDI	**MARDI**	**MERCREDI**
Petit déjeuner	> Boisson chaude > 2 tranches de pain complet > 1 yaourt à 0 %	> Boisson chaude > Flan maison > Tranches de poulet dégraissées	> Boisson chaude > 2 tranches de pain complet > Fromage blanc à 0 %
Déjeuner	> Tzaziki > Rôti de porc (filet) > Fromage > 1 fruit	REPAS DE GALA > Terrine de lapin > Moules-frites > Fondant au chocolat > Vin	> Tartelettes au son d'avoine et tofu > Tomates farcies à la Camarguaise > Fromage > Compote aux épices (voir p. 244)
Collation	> Tranches de poulet dégraissé + pain de mie Dukan	> 2 tranches de pain complet + fromage	> 1 fruit
Dîner	> Salade de carottes à l'orange et au citron > Lasagnes d'aubergine au tofu (voir p. 200) > Crème brûlée vanille-noisette, petits dés de fraise (voir p. 238)	> Salade de chèvre chaud > Poulet au lait de coco et ses haricots au tofu (voir p. 210) > Soja entre deux fraises (voir p. 248)	> Mousseline aux deux saumons > Crevettes et poulet sauce coco aux épices (voir p. 212) > Petits flans à la lavande

N'oubliez pas, chaque jour, vos 2 c. à s. de son d'avoine.

Œufs brouillés aux œufs de saumon (voir p. 132)

Îles flottantes note moka (voir p. 252)

Coquilles Saint-Jacques normandes (voir p. 208)

Panacotta vanille, sirop balsamique et petites framboises (voir p. 246)

JEUDI (PP)	VENDREDI	SAMEDI	DIMANCHE
> Boisson chaude > 1 fruit > 1 galette au son d'avoine (voir p. 42)	> Boisson chaude > Viande des Grisons > Faisselle à 0 %	> Boisson chaude > Faisselle à 0 % > Tranches de dinde dégraissées	> Boisson chaude > 2 tranches de pain complet > Fromage frais à 0 %
> Œufs brouillés aux œufs de saumon (voir p. 132) > Sauté de veau au paprika > Crème vanille	> Quiche au tofu soyeux, saumon et poireaux > Endives au jambon > Clafoutis pistache-abricot (voir p. 242)	> Salade de tomates > Coquilles Saint-Jacques normandes (voir p. 208) > Pommes surprise à la cannelle (voir p. 254)	> Taboulé > Poulet au curry et ses légumes (voir p. 204) > Spaghettis > Panacotta vanille, sirop balsamique et petites framboises (voir p. 246)
> Bâtonnets de surimi	> Petits-suisses à 0%	> 1 fruit > Porridge (2 c. à s. de son d'avoine)	> 1 galette au son d'avoine (voir p. 42)
> Bouchées au thon > Escalope de poulet à l'étuvée > Glace au muesli (voir p. 216)	> Cake au potiron (voir p. 170) > Courgette farcie aux blancs de poulet > 2 tranches de pain complet + fromage > Îles flottantes note moka (voir p. 252)	REPAS DE GALA > Champagne > Melon au porto > Paella > Coupes glacées vanille et noix de pécan	> Verrines fraîcheur (voir p. 160) > Bar aux petits légumes > Ananas et sa crème anglaise glacée (voir p. 240)

Mon régime au quotidien (phase 3)

En famille

Vous avez enfin droit aux pâtes, aux lentilles, aux fruits, il est donc plus facile pour vous de participer aux repas en famille. Si vous avez bien respecté les quantités, vous pouvez manger comme tout le monde, ou presque. Servez votre assiette de pâtes avant les autres, afin d'être bien sûr de ne pas dépasser les quantités autorisées. Bien entendu, ne vous resservez pas. Si vos enfants en ont assez de la sauce tomate sur les pâtes, il est très facile de proposer deux sauces à part, chacun pouvant se servir à sa guise. N'hésitez pas à mettre sur la table de l'huile d'olive ou du beurre frais : vous habituerez ainsi vos enfants à de nouvelles saveurs excellentes pour leur santé. Pour vous, préparez les épices !

À l'apéritif

Vous avez droit à une portion de fromage, aux féculents et à 2 tranches de pain en phase de consolidation, c'est vrai. Mais au cours d'un apéritif, impossible de décompter ce que l'on absorbe : combien d'Apéricubes pouvez-vous consommer ? Combien de canapés sur une tranche de pain ? Inutile d'essayer de comptabiliser quoi que ce soit. Gardez les « extras » autorisés (pain, féculents, etc.) pour des moments calmes et réguliers. Par exemple, décidez que vous aurez droit au pain le matin pour le petit déjeuner, ou le soir avec votre fromage. À l'apéritif, comme au restaurant, replacez-vous en phase 2 : protéines-légumes. Ainsi, vous ne risquez pas de faire d'écarts : autorisez-vous les tomates-cerises, le surimi, les petits morceaux de légumes croquants, l'eau pétillante et le Coca light.

Souvenez-vous qu'à l'apéritif, tandis que vous riez et discutez avec des amis, vous ne pouvez comptabiliser ce que vous consommez. Il est donc dangereux de s'aventurer dans un calcul savant : vous risquez de gâcher votre soirée, et de mettre votre régime en échec.

Au restaurant

Pour ne pas vous tromper, pensez à la phase protéines-légumes lorsque vous êtes au restaurant : en effet, il est très difficile de respecter les consignes et de penser nouveaux aliments autorisés tout en discutant avec des amis. Interdisez-vous d'office le pain, les pâtes : le pain est blanc, quant aux pâtes, vous ne pouvez pas les assaisonner à votre goût. Si en regardant la carte vous pensez protéines-légumes, vous n'aurez aucune difficulté. Le saumon fumé est par exemple un passe-partout universel. En accompagnement, haricots verts et épinards sont des incontournables tout comme les salades.

Le vin, le pain et le dessert ne sont pas autorisés, sauf si vous avez décidé de choisir cette sortie au restaurant comme repas de gala. Commandez le vin au verre. Au restaurant, vous ne pourrez pas vous resservir, c'est un avantage puisque c'est l'une des consignes pour les repas de gala. Pour les autres jours, il faut savoir dire non, et prendre un café en guise de dessert. N'oubliez pas que vous avez droit au Coca light, il vous aidera à vous passer de la saveur sucrée.

Pour un régime heureux, faites comme François Mauriac

Frêle, à l'inverse absolu du sportif, François Mauriac avait pris l'habitude de sauter face à son miroir en pied. Il sautait en petites et douces flexions au début pour se mettre en jambes et progressivement il sautait de plus en plus haut.

J'ai trouvé cette idée épatante et je l'ai adoptée. J'ai commencé à sauter comme il le préconisait, lorsque j'étais en joie, et je me suis aperçu que cet exercice rendait ma joie plus intense !

Et pour finir, je me suis rendu compte que la joie, qui est par définition passagère, se prolongeait dans cet effort. J'ai alors essayé de tester ce type de saut isolément, sans l'associer à la joie. Et j'ai pris conscience que sauter me procurait de la joie.

Depuis, je me crée des petits moments de joie et j'entretiens l'association dans les deux sens.

Et en même temps, je muscle mes quadriceps, les plus gros consommateurs de calories, et je contrôle mon poids.

Questions - Réponses

Pourquoi doit-on compter 10 jours par kilo perdu ?

→ Pourquoi 10, et pas 11, ou 9 ? À l'époque où j'ai conçu mon premier régime d'attaque, j'avais des résultats spectaculaires mais éphémères. Le poids perdu avait tendance à revenir. J'ai alors introduit de nouveaux aliments en maintenant surveillance et contrôle. En dépouillant mes statistiques sur les reprises de poids, avec une statisticienne, j'ai constaté que les phases de consolidation réussies se situaient toujours autour de 9,46 jours par kilo perdu, que j'ai arrondis à 10.

Pourquoi réintroduire du pain complet plutôt que du pain blanc ?

→ Le pain blanc est un aliment dénaturé par son mode de fabrication, pétri dans une farine dont le blé a été artificiellement séparé de son écorce, le son. C'est un aliment bien trop facile à assimiler. Vite digéré, il ne vous apporte pas toute la richesse du pain complet.

→ Le pain complet ou intégral contient une proportion naturelle de son, le germe du blé est également préservé. Le son vous protège du cancer des intestins, de l'excès de cholestérol, du diabète, de la constipation, et dans l'optique qui est la nôtre ici, il protège aussi votre ligne : lorsqu'il passe dans votre intestin grêle, le son s'y agglutine, et séquestre une partie des calories, qui partira avec les selles, sans vous profiter... Il est également beaucoup plus long à digérer et procure une intéressante sensation de satiété.

Puis-je manger des fromages allégés ?

→ La plupart des fromages allégés n'ont aucun intérêt gustatif et vous serez tenté d'en consommer plus. Cependant, sachez que la tomme de Savoie est un authentique fromage allégé. En effet, il était autrefois préparé à partir de lait demi-écrémé. Avec le boum des produits allégés, certains fabricants sont revenus à la recette d'origine, pour notre plus grand bonheur. Ce surprenant fromage est un vrai fromage goûteux, moelleux, résistant en bouche. Vous pourrez sans culpabilité en consommer jusqu'à 60 g par jour !

Comment arrêter de fumer et faire le régime en même temps sans trop de frustrations ?

→ Arrêter de fumer est tellement important pour la protection de la santé que lorsque la décision est prise, il convient de lui accorder la priorité absolue. Donc s'il y a choix, il faut privilégier le sevrage à la perte de poids. Si vous voulez tout faire en même temps, c'est possible, mais il est rare de mener à bien les deux opérations. L'arrêt du tabac doit être total et fait séparément pendant 10 jours. À partir du onzième jour, il devient possible de s'attaquer simultanément au poids. Pour éviter la surcharge des deux frustrations, il faut se servir de l'un des atouts principaux du régime Dukan : la liberté totale sur les quantités. Vous pouvez manger à volonté lorsque l'envie de fumer vous tenaille.

Mes problèmes de thyroïde sont-ils compatibles avec votre régime ?

→ La thyroïde et les problèmes thyroïdiens constituent un gros problème dans la lutte contre le surpoids. D'abord, il y a des personnes qui ne le savent pas et ont une insuffisance thyroïdienne ou seulement une thyroïde paresseuse et qui grossissent lentement. Quand on le découvre, le poids est pris.

→ Il y a également les personnes chez lesquelles on a effectivement découvert une carence thyroïdienne – on leur donne un traitement de substitution par Levothyrox, mais qui se met parfois en place très lentement – et qui continuent à engranger du poids.

→ Certains médecins, qui n'ont pas la pratique très fréquente de ces problèmes assez spécialisés, se méfient et préfèrent prendre leur temps en espaçant les dosages de vérifications – TSH – et tout cela est un temps de grâce accordé au surpoids. Enfin, même chez les gens bien diagnostiqués et bien traités, il ne faut pas oublier que ce que fabriquait la thyroïde de celles et ceux qui sont en insuffisance n'est pas identique à ce que le Levothyrox leur fournit.

→ Il y a la différence qui existe entre le prêt-à-porter et le sur-mesure. Tout ceci pour vous faire comprendre la complexité du problème. Si l'on veut maigrir avec un traitement bien adapté et qui suit l'évolutivité de la fonction thyroïdienne, on maigrit, cela je vous le promets. Mais disons que les thyroïdiens doivent être un tout petit peu plus sérieux que les autres, un tout petit peu plus, mais pas davantage.

Bilan de la phase 3

Ne négligez pas cette étape

Au cours des étapes 1 et 2, vous trouviez chaque jour un encouragement certain en constatant sur votre balance que votre poids était en baisse. En phase de consolidation, votre poids ne baisse plus, il est donc facile de se laisser aller, et d'envisager de sauter cette étape. Surtout ne refermez pas le livre ! Vous n'avez fait que la moitié du chemin ! Si vous négligez les consignes de cette phase, vos kilos reviendront à coup sûr et très rapidement. Et si vous n'en reprenez pas quelques-uns supplémentaires en prime, vous aurez de la chance.

Restez vigilant, vous jouez la réussite de votre régime en phase de consolidation

Une autre réaction peut consister à suivre la phase de consolidation, mais mollement : une tranche de pain supplémentaire par-ci, un fruit en plus par-là, trois repas de gala au lieu de deux... Restez vigilant et surtout parfaitement objectif par rapport à ce que vous consommez. Certaines personnes au régime sont étonnées de voir l'aiguille de la balance remonter « alors qu'elles avaient suivi les consignes »... Si vous avez peur de tomber dans ce travers, notez sur un carnet les aliments autorisés, et indiquez également tout ce que vous avez absorbé dans la journée. Soyez honnête avec vous-même, n'omettez pas les grignotages si vous avez craqué sur un aliment interdit.

Dites-vous qu'il s'agit de votre dernier régime

Les régimes à répétition sont mauvais, pour deux raisons :

• Tout d'abord, votre corps s'habitue aux régimes successifs : il s'aperçoit très vite qu'on cherche à le restreindre, et il prévoit aussitôt de mieux gérer... ses stocks ! Quelqu'un qui maigrit et regrossit plusieurs fois dans sa vie se vaccine contre l'amaigrissement. Après chacun de ses échecs, il aura davantage de difficultés à perdre à nouveau du poids. Votre corps conserve la mémoire des régimes antérieurs. Donc, si vous vous êtes engagé jusqu'à la phase de consolidation, poursuivez le régime jusqu'au bout, en vous disant qu'il s'agit du dernier régime dans lequel vous vous lancez.

• Mais ce n'est pas tout. Saviez-vous que lors d'un régime, les graisses que vous éliminez circulent dans votre corps ? Celles-ci se promènent dans vos artères sous la forme de cholestérol. Lorsque vous perdez 10 ou 20 kg, c'est un peu comme si vous aviez consommé 10 ou 20 kg de beurre ou de saindoux ! Une grande quantité de cholestérol et de triglycérides circule dans votre sang. Les artères peuvent être encrassées par ces graisses toxiques. C'est pourquoi maigrir puis regrossir, puis maigrir à nouveau est totalement néfaste à votre santé. Le risque que représente la circulation des graisses dans le sang est naturellement largement compensé par les avantages que vous tirez d'un amaigrissement. Mais attention aux conséquences sur votre santé si vous renouvelez l'opération plus de deux fois dans votre vie.

Courage !

Le temps de votre régime passera vite. Une silhouette séduisante dure, elle, très longtemps. Cette page de bilan consacrée à la phase 3 est particulièrement importante : votre préparation psychologique doit être parfaitement au point pour entamer cette partie du régime. Il en va de la réussite de votre amaigrissement.

La phase de consolidation en bref...

10 jours par kilo perdu.

La durée de la phase de consolidation dépend de votre perte de poids...
Cette phase n'est pas facultative.
Elle est obligatoire et non négociable.

Conservez votre base de protéines + légumes à volonté.

Et ajoutez

- une portion de fruits par jour (sauf banane, raisin, cerise) ;
- 2 tranches de pain complet par jour ;
- 40 g de fromage par jour.

Marchez chaque jour et ne ratez pas une occasion d'intégrer l'activité physique à votre quotidien.

Introduidez 2 portions
de **féculents** par semaine
et **deux nouvelles viandes** :
gigot d'agneau et filet de porc.

Et voilà venu le temps
des **2 repas de gala**
par semaine.

Un jour par semaine,
le jeudi, vous revenez
aux protéines pures :
votre journée sentinelle.

Pensez tous les jours
à boire beaucoup,
et à consommer
jusqu'à 2 cuillerées à soupe
de son d'avoine.

Phase 4 : **la stabilisation définitive**

La phase de stabilisation : une nouvelle vie sous la protection de 3 mesures simples, concrètes, mais non négociables.

Les objectifs de la phase 4

Le retour à la liberté

Tout d'abord, bravo ! Si vous lisez ces pages, c'est que vous avez passé avec succès les étapes les plus délicates de notre régime. À ce stade, vous avez non seulement éliminé votre surcharge pondérale, mais vous avez aussi passé sans encombre les jours difficiles de la consolidation, au cours desquels votre corps risquait de vous jouer des tours. Aujourd'hui, le danger du fameux rebond est écarté. Vous allez pouvoir à nouveau vous nourrir plus spontanément, sans risque excessif de reprise de poids. Vous avez été soumis à de nombreuses consignes, plus ou moins contraignantes : ces consignes étaient pour vous un repère, un phare dans la tempête. Vous allez pouvoir à présent naviguer loin des côtes, mais à bord, nous vous laissons trois boussoles : trois consignes simples, concrètes, faciles, mais non négociables.

Stabilisation définitive, consignes à très long terme

En théorie, vous allez pouvoir manger librement. En pratique, je dois y apporter quelques bémols et compléments d'explications. Oui, tout vous sera désormais possible. Je veux dire qu'en théorie, il n'y a plus d'interdits. Mais il vous faudra adopter trois mesures clés sans lesquelles vous serez sur un plan incliné… la pesanteur étant ce qu'elle est, vous finirez par glisser. Voici les trois mesures auxquelles vous devrez vous soumettre chaque semaine aussi longtemps que vous voudrez conserver ce poids acquis si chèrement :

- Vous conserverez le jeudi protéiné.
- Vous ne prendrez plus jamais l'ascenseur, vous gravirez les marches à pied.
- Vous consommerez chaque jour 3 cuillerées à soupe de son d'avoine.

Pour le reste, il est capital que vous conserviez en mémoire ce que vous aurez appris pendant votre voyage. Vous êtes passé par étapes des aliments vitaux aux aliments plaisir et vous savez à présent bien hiérarchiser votre alimentation. Conservez cette habitude.

Faites-vous confiance

La grande différence entre stabilisation et consolidation, c'est votre indépendance. Vous retrouvez aujourd'hui l'indépendance et la maîtrise des opérations. Ne vous sous-estimez pas. Vous êtes aujourd'hui capable de faire cavalier seul, car, au fil des jours parfois difficiles de votre régime, vous et votre corps avez beaucoup appris : les quatre étapes de ce régime vous ont permis d'acquérir une connaissance pointue de votre alimentation. Vous savez désormais distinguer ce qui est important de ce qui est superflu. En commençant avec le régime protéiné, vous avez découvert la puissance de ces aliments vitaux. Puis vous avez poursuivi votre route en ajoutant à ce socle des légumes essentiels, et enfin, en phase de consolidation, vous avez, avec discernement, complété vos menus par des aliments importants (les fruits), des aliments utiles (le pain complet) puis des aliments de confort (les féculents) et enfin des aliments de plaisir (le fromage, les repas de gala) et de danger (oléagineux– cacahuètes –, pâtes à tartiner, chips, mayonnaise…). Votre organisme s'est habitué à manger différemment, vous pouvez désormais lui faire confiance et lui accorder la liberté qu'il mérite.

Ne confondez pas stabilisation et consolidation

Peut-être avez-vous tourné les pages de cet ouvrage un peu vite, en pensant que stabilisation et consolidation étaient deux choses similaires. Dans ce cas, retournez vite en arrière, votre régime serait mis en échec. En phase de stabilisation, les contraintes sont très faibles, car ceux qui atteignent cette phase ont écarté le risque du fameux rebond. En phase de consolidation, tout est fait pour éliminer le risque de reprendre du poids ; ce n'est pas le cas en période de stabilisation, puisque ce risque est désormais écarté.

Les 3 règles à respecter très longtemps...

Pourquoi pas toujours !

Un jeudi protéiné chaque semaine

Vous êtes désormais libre de vous nourrir normalement six jours sur sept, mais cette ultime consigne définitive restera le seul rempart contre votre tendance à regrossir. Au cours de cette journée, vous sélectionnerez les protéines les plus pures possible. Vous pourrez aussi avoir accès aux poudres (mais pas n'importe lesquelles) si cela peut vous aider. Comme pour la phase de consolidation, cette consigne est bien entendu non négociable, vous devez conserver l'habitude que vous avez acquise au cours de votre régime. Choisissez votre journée et tenez-vous-y. Si vous la déplacez sans arrêt, vous oublierez cette journée, et vous regrossirez lentement, mais sûrement.

Un contrat majeur : le refus des ascenseurs

Si vous n'êtes pas sportif, ne prenez pas l'ascenseur, et évitez d'utiliser votre voiture pour des trajets très courts : bref, bougez ! Pour vous motiver, vous pouvez vous équiper d'un podomètre afin de compter le nombre de pas que vous faites chaque jour, et vous vous apercevrez qu'ils sont assez peu nombreux si vous avez une vie sédentaire. Alors, sans pour autant devenir un sportif de haut niveau, faites fonctionner chaque jour vos jambes dans votre quotidien.

3 cuillerées à soupe de son d'avoine par jour

Le son d'avoine présente trois atouts majeurs :

• il facilite le transit et protège votre intestin de maladies graves ;

• mêlé au bol alimentaire, il empêche l'intestin grêle d'absorber la totalité des calories présentes dans un aliment ;

• dans votre estomac, le son d'avoine prend du volume, et il vous procure une agréable sensation de satiété.

La prise quotidienne de son d'avoine est bénéfique pour votre santé et pour la longévité de votre ligne retrouvée.

Dois-je privilégier les aliments allégés ?

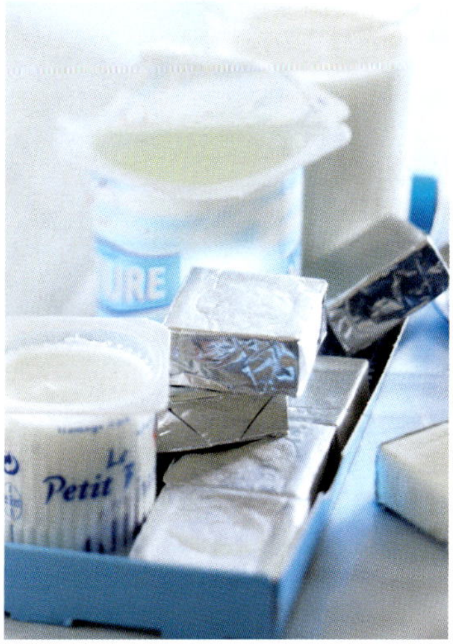

L'allégement en matières grasses

Personne aujourd'hui ne conteste l'intérêt de l'allégement en matières grasses, dont on a prouvé clairement qu'il n'était pas compensé par une surconsommation.

Dans la pratique, les aliments qui ont le plus profité de l'allégement sont le lait demi-écrémé, avec lequel on nourrit systématiquement aujourd'hui le bébé et l'enfant, les fromages blancs et yaourts, dont le nature, le plus vendu, est déjà un demi-écrémé. Les autres allégés intéressent plutôt les candidats au régime restrictif et les sujets à risque cardio-vasculaire (beurre, fromages, sauces, charcuteries) et la prévention de certains cancers (sein, côlon, prostate, pancréas, ovaire) pour lesquels l'excès de gras semblerait être un facteur favorisant.

L'allégement en sucre

L'intérêt est moins net. Il semble que les faux sucres soient partiellement détectés par l'organisme qui compense en consommant davantage, et que le goût du sucré reste entretenu, voire stimulé. Il est cependant prouvé que la compensation n'est jamais totale et surtout, s'atténue progressivement à l'usage, notamment chez l'adulte.

L'aspartam, les sodas light, les vrais chewing-gums sans sucre et les flans sont les aliments qui présentent aujourd'hui le plus d'intérêt chez l'obèse et le diabétique.

En dehors de ces cas particuliers, l'allégement, quel que soit le type d'aliment, s'adresse bien davantage à ceux qui désirent ne pas grossir qu'à ceux qui tentent de maigrir, c'est-à-dire en fait à la grande majorité de la population française.

Allégement en matières grasses

TENEUR EN MG (KCAL/100 G)

ALIMENT	NORMAL	ALLÉGÉ
Beurre	758	450
Margarine	758	450
Mayonnaise	710	396
Vinaigrette	658	323
Sauce béarnaise	449	413
Emmental	400	216
Pâté	332	224
Tomme	324	235
Camembert	283	236
Saucisson	283	225
Lardons	280	261
Jambon	169	110
Yaourt (entier ou 0 %, pot de 125 g)	90	45

Le jeudi protéiné

Une sélection de protéines très pures

Les jeudis protéinés sont un petit rappel hebdomadaire de la période « d'attaque », avec quelques nuances. Il vous faudra donc conserver vos habitudes de la phase 1, en choisissant des protéines pures. Par exemple, pour la viande, vous éviterez celles de porc et d'agneau, bien trop grasses pour être classées en protéines pures. Vous trouverez p. 116 une liste définitive des aliments autorisés pour les jeudis protéinés. En effet, étant donné que ce jeudi reste le seul rempart contre une éventuelle reprise de poids, il est important de choisir les protéines les plus pures possible. Dans le cadre du régime, le poisson gras était autorisé, il sera ici interdit pour les jeudis.

Buvez beaucoup

En phase d'attaque, nous vous avions recommandé de boire au moins 1,5 litre d'eau par jour. Pour ces jeudis stabilisateurs, nous vous conseillons de renforcer la dose et de passer à 2 litres par jour, afin de permettre à votre organisme de bien éliminer.

Limitez le sel

Pendant toute la période d'amaigrissement et de consolidation, Protal n'impose qu'une simple réduction du sel. Pour les jeudis de la phase de stabilisation, la consigne sera renforcée et cette journée « rempart » devra être plus pauvre en sel.

Une restriction aussi ponctuelle sur une journée isolée n'est pas suffisante pour faire baisser la tension, mais elle va permettre à l'eau ingérée de traverser rapidement l'organisme, en l'épurant. Cette consigne sera particulièrement bénéfique aux femmes soumises à de fortes influences hormonales, qui induisent des rétentions d'eau massives au cours de leurs cycles.

Occasionnellement, vous avez droit aux protéines en poudre

Le plan Protal étant totalement naturel, les protéines en poudre étaient jusque-là interdites. Même s'il s'agit d'un mode d'alimentation artificiel,

Petit rappel

Pensez à éviter l'usage de la moutarde le jeudi, car celle-ci est salée. Vous pouvez en revanche assaisonner sans problème avec du vinaigre, du poivre et des aromates. Appelez toutes les épices en renfort pour compenser cette réduction.

Limitez l'apport en lactose

Dans un régime de stabilisation définitive, qui n'intervient qu'un seul jour par semaine, les aliments doivent subir une sélection très fine et limiter l'apport en lactose. Lorsque l'on compare la composition du yaourt maigre et du fromage blanc maigre, on s'aperçoit que pour le même apport calorique, le fromage blanc apporte davantage de protéines et moins de lactose que le yaourt.

les protéines en poudre présentent l'avantage d'être particulièrement pures. En phase de stabilisation, lorsque le régime n'occupe plus qu'une seule journée par semaine, il est possible d'y faire appel, surtout lorsqu'un déplacement ou un emploi du temps chargé nous fait prendre le risque d'une impasse sur le jeudi protéiné. La présentation en poudre fournit l'avantage certain d'être facile à transporter. Mais il ne faut pas oublier qu'il s'agit là d'aliments artificiels. Votre organisme n'est pas naturellement programmé pour se nourrir de poudre. Même aromatisée et édulcorée, la poudre n'est pas un aliment plaisir. Un usage prolongé de ces produits risque de vous faire tomber dans des crises de boulimie irrépressibles. D'autre part, l'absence de fibres dans ces préparations peut occasionner des ballonnements désagréables. Ce mode d'alimentation doit donc rester totalement occasionnel.

Attention, si vous vous en procurez, ne confondez pas les substituts de repas et les poudres protéinées, lisez bien les étiquettes : la poudre que vous choisirez devra être composée à 95 % de protéines.

Quelques astuces

• Si vous aimez le bœuf
Le jeudi, le bœuf gagne à être suffisamment cuit, ce qui n'altère pas la qualité de ses protéines, mais élimine une part accrue des graisses.

• Consommez du saumon un autre jour !
Dans le régime des protéines pures de la phase 1 sont autorisés tous les poissons, des plus maigres aux plus gras. Leur teneur en matière grasse n'est plus acceptable pour le jeudi protéiné de la phase de stabilisation.

• Pensez au poisson cru !
Le mérou, la lotte, la daurade et le lieu noir se prêtent à merveille à ce mode de préparation : marinés quelques minutes dans le citron, en tranches fines ou en petits cubes, salés, poivrés et parfumés aux herbes de Provence, ils composent un repas rapide et délicieux.

Que manger lors des jeudis protéinés ?

Le jeudi doit être strictement protéiné. Utilisez les aliments les plus purs possible en protéines. Vous ne pouvez vous reporter à la liste du régime d'attaque, certaines protéines qui étaient alors autorisées ne le sont plus lors de ce jeudi protéiné… Voici la liste des protéines pures permises.

Viandes

Autorisés	**Interdits**
Cheval	Agneau
Escalope de veau	Contre-filet de bœuf
Filet de bœuf	Côte de bœuf
Lapin	Côte de veau
Rosbif	Entrecôte
Rôti de veau (bien cuit)	Hampe de cheval
Steak de bœuf	Porc
Steak haché à 5 % de MG	

Œufs

Autorisés

Entiers ou seulement les blancs si la semaine a été copieuse

Volailles

Autorisés	**Interdits**
Blanc de poulet	Aile de poulet
Caille	Canard
Dinde	Croupion du poulet
Dindonneau	Oie
Haut de cuisse de poulet	Peau du poulet
Pigeon	
Pintade	

Laitages

Autorisés

Fromage blanc à 0 %

Yaourt maigre

Interdits

Fromages

Laitages au lait entier

Poissons

Autorisés

Cabillaud
Colin
Daurade
Empereur
Espadon
Flétan
Flétan fumé
Lieu
Limande
Loup
Lotte
Merlan
Mérou
Mulet
Raie
Rouget
Sole
Surimi
Thon au naturel
Turbot

Interdits

Maquereau à la moutarde
Sardine
Sardine à l'huile
Saumon fumé
Thon à l'huile

Fruits de mer

Autorisés

Coquilles Saint-Jacques
Crevettes
Huîtres
Moules
Tourteau

MENUS TYPES DE LA PHASE 4 (STABILISATION)

	LUNDI	MARDI	MERCREDI
	Verrines de mousses aux deux citrons (voir p. 236)	Filets de rouget au basilic (voir p. 180)	Compote aux épices (voir p. 244)
Petit déjeuner	> Boisson chaude > Pains suédois > Beurre > Faisselle	> Boisson chaude > Œufs brouillés > Jambon blanc	> Boisson chaude > Tartines beurrées > 1 yaourt > Fruit
Déjeuner	> Carottes râpées > Petit salé aux lentilles > Fromage > Soja entre deux fraises (voir p. 248)	> Avocats au crabe > Filets de rouget au basilic (voir p. 206) > Coupe de glace	> Taboulé > Choucroute aux fruits de mer (voir p. 176) > Ananas et sa crème anglaise glacée (voir p. 240)
Collation	> 1 fruit	> Gâteaux secs	> 1 fruit
Dîner	> Concombre au yaourt > Pâtes aux courgettes > Verrines de mousses aux deux citrons (voir p. 236)	> Salade de mâche > Pizza végétarienne > 1 fruit	> Poireaux à la vinaigrette > Lasagnes > Compote aux épices (voir p. 244)

N'oubliez pas, chaque jour, vos 3 c. à s. de son d'avoine.

Omelette à la menthe et au curry (voir p. 174)

Pommes surprise à la cannelle (voir p. 254)

Pain d'épice (voir p. 228)

Clafoutis pistache-abricot (voir p. 242)

JEUDI (PP)	VENDREDI	SAMEDI	DIMANCHE
> Boisson chaude > Fromage blanc à 0 % > 1 galette au son d'avoine (voir p. 42)	> Boisson chaude > Céréales et lait > Fruit	> Boisson chaude > Tartines beurrées > Confiture	> Boisson chaude > Jus d'orange > Croissant
> Œufs durs > Steak tartare > Glace au muesli (voir p. 216)	> Salade landaise > Bavette à l'échalote > Gratin dauphinois > Salade de fruits méli-mélo	> Salade de tomates et mozzarella > Carré d'agneau > Haricots verts > Pain d'épice (voir p. 228)	> Radis roses > Poulet-frites > Clafoutis pistache-abricot (voir p. 242)
> Bâtons de surimi	> 1 yaourt	> 1 galette au son d'avoine (voir p. 42)	> Yaourt aux fruits
> Omelette à la menthe et au curry (voir p. 174) > Bar grillé > Yaourt à 0 %	> Gaspacho > Blancs de poulet à la provençale > Ratatouille > Pommes surprise à la cannelle (voir p. 254)	> Chèvre chaud sur lit de roquette > Brochettes de poulet au citron vert > Courgettes poêlées > Tiramisu	> Soupe de légumes > Omelette aux fines herbes > 1 yaourt > 1 fruit

Mon jeudi au quotidien (phase 4)

Mais comment ? Tu es toujours au régime ?

Si vous ne l'aviez pas encore remarqué, vous devriez à présent vous en apercevoir, il suffit que l'on entame un régime pour que l'entourage vous propose en permanence de petites dérogations, avec l'excuse courante : « Allez, fais-toi plaisir ! » L'alimentation a toujours été un sujet de conversation délicat. Nos choix alimentaires représentent à la fois notre culture, nos convictions, nos souvenirs d'enfance... Si vous aviez échappé à ce type de remarques au cours de votre régime, elles risquent de fuser à présent car vous n'êtes plus au régime. Pourtant, chaque jeudi, vous vous nourrissez différemment.

Face à la réaction de votre entourage, deux solutions :

• Vous assumez, et vous faites taire les commentaires. Votre façon de vous nourrir ne regarde que vous, elle ne dérange personne. Vous n'empêchez pas les autres de manger.

• Vous restez discret. Vous n'allez pas expliquer la méthode Dukan à votre boss au bureau, ou à ce client que vous invitez au restaurant pour un déjeuner d'affaires.

Voilà quelques astuces...

En famille

Brunchez une fois par semaine. Votre jour protéiné peut être l'occasion d'instaurer une nouveau rituel familial en donnant à votre petit déjeuner un air de fête : œufs, viandes froides, le brunch est parfait pour vous ! Tandis que vos hôtes compléteront leur petit déjeuner par de la marmelade ou du pain, vous passerez inaperçu avec votre œuf à la coque dans lequel vous tremperez du blanc de poulet en guise de mouillettes !

Au restaurant

• Commandez un plateau de fruits de mer

Ce plat a un air de fête, et personne ne s'apercevra que vous respectez les consignes de votre jeudi protéiné. Saviez-vous que le crabe, le tourteau, les crevettes, les moules, ou encore les huîtres ou les coquilles Saint-Jacques sont encore plus maigres que le poisson ?

• Chipotez dans votre assiette

Commandez un morceau de viande grillée aussi gros que possible avec un légume que vous n'appréciez pas particulièrement, et ne consommez que la viande.

• Au dessert, prenez un café

Personne ne soupçonnera que vous êtes au régime si vous prenez un café tandis que les autres choisissent un dessert. Si la conversation se prolonge, commandez-en un second.

En voyage

Emportez avec vous une poudre protéinée. Il est difficile de suivre son régime protéiné sur une aire d'autoroute, encore que certaines aires proposent à présent des tranches de viande froide ou du surimi. Mais si vous ne trouvez rien qui soit approprié, vous pouvez vous contenter d'une poudre, que vous compléterez avec un laitage maigre si vous en trouvez dans la station.

Questions - Réponses

Je prends la pilule le matin, tout comme le son d'avoine. Dois-je les consommer séparément ?

→ Tout dépend de la dose de son d'avoine que vous utilisez. Une ou deux cuillerées de son n'auront pas d'effet suffisant pour réduire l'action de votre pilule, même si elle est faiblement dosée. Si vous en prenez trois et que votre pilule est microdosée, prenez-la le soir. Si c'est une pilule normodosée, cela n'a pas d'importance : vous pouvez les mélanger.

Pouvez-vous me conseiller un aliment coupe-faim ?

→ L'aubergine peut être un coupe-faim naturel. Prenez une belle aubergine et à l'aide d'un couteau pointu, piquez 3 fois de chaque côté à 1 cm de profondeur. Dans chaque fente, enfoncez une gousse d'ail. Puis mettez l'aubergine au four à 240 °C (th. 8).

→ Quand vous entendrez la peau gémir et qu'elle commencera à se fendiller sous le craquement, sortez l'aubergine et posez-la dans une assiette. Puis coupez-la en deux dans l'axe de la longueur comme un avocat.

→ Prenez la moitié, salez, poivrez et mangez la pulpe à la petite cuillère, comme vous le feriez pour une crème glacée. Quand vous aurez fini, essayez de passer à table. Le rassasiement et la satiété seront tous deux en marche vers le cerveau. Vous serez plus calme pour déjeuner ou dîner et la pectine de l'aubergine quittera l'organisme en emportant quelques précieuses calories.

Quel est le meilleur moment de la journée pour consommer du son ?

→ Il y en a plusieurs, qui varient selon votre mode de vie et votre relation à l'aliment.

→ Si vous êtes du matin, amateur de petit déjeuner copieux, il est clair que le son d'avoine va vous apporter sa douceur, sa consistance et sa réplétion, surtout si vous en faites des galettes, des crêpes ou du porridge.

→ Si vous êtes un grignoteur de milieu d'après-midi, alors le meilleur moment pour vous sera 17 heures.

→ Si vous déjeunez sur le pouce et que vous n'avez jamais le temps de faire un vrai repas, une grosse galette faite avec 2 cuillerées à soupe de son, du fromage blanc et du blanc d'œuf peut servir de base à un sandwich Dukan dans lequel vous placerez une belle tranche de saumon fumé, du jambon allégé ou de la viande des Grisons.

→ Si vous êtes un grignoteur d'après-dîner qui cherche en vain son bonheur dans des placards vides, la galette sucrée avec du cacao dégraissé sera la plus utile pour ne pas craquer.

Bilan de la phase 4

Qui veut voyager loin ménage sa monture

Vous voici donc arrivé au terme de ce voyage au centre de votre organisme. Vous l'avez malmené, vous lui avez fait la guerre, mais vous allez à présent repartir main dans la main. Votre corps est votre ami, apprenez à ne pas le négliger. « Qui veut voyager loin ménage sa monture », dit un vieil adage. Et nous sommes aujourd'hui nombreux à nous préoccuper malheureusement plus de la santé de notre voiture que de celle de notre corps. Il ne nous viendrait pas à l'idée de mettre de l'essence dans un moteur diesel, ou de ne pas emmener notre cher véhicule à la révision et à la vidange.

Pensez à vous

Pour que ce régime soit une réussite définitive, il vous faut chaque jour penser à vous. Au cours de votre amaigrissement, vous avez accordé du temps à votre corps, vous l'avez écouté, dorloté ou malmené, mais vous vous en êtes occupé. Il va falloir continuer. C'est pourquoi la journée du jeudi est importante : elle est un point de ralliement entre vous et votre corps, un instant pour remettre à plat votre relation.

Devenez une tortue des tables

Prendre soin de son corps, c'est se faire plaisir. Mangez lentement, savourez, ne gobez rien sans l'avoir apprécié. Revendiquez la lenteur, c'est un art de vivre qui se perd aujourd'hui. Plus les gens mangent vite, plus ils grossissent.

Ne vous resservez pas

Vous l'avez appris en phase de consolidation, lors des repas de gala. Prenez votre temps, mais ne vous resservez jamais. Un dernier conseil, qui va dans le sens du plaisir retrouvé en même temps que votre ligne : mangez avec un couteau et une fourchette. Conseil étrange ? Aujourd'hui, les grignotages, les fast-foods nous ont fait oublier cette évidence. Si vous prenez le temps de déguster un plat assis, avec un couteau et une fourchette, vous êtes sûr de vous faire plaisir et de ne pas avaler n'importe quoi sans y penser tout au long de la journée.

Buvez en mangeant

C'est un préjugé qui a la vie dure : boire en mangeant n'est en aucun cas néfaste à votre organisme. Cela vous procure une sensation de satiété, et permet également d'interrompre l'absorption des aliments solides : la progression du repas est ralentie dans le tube digestif. De plus, l'eau fraîche abaisse la température des aliments ingérés, ce qui donne au corps plus de travail. Et plus il travaille, plus il dépense de calories.

Si vous reprenez quelques kilos...

N'attendez pas d'en reprendre beaucoup... Dès que vous reprenez du poids, passez par exemple pour une seule semaine à 2 journées de protéines pures. Cela devrait suffire.

À présent, je suis sûr que vous êtes armé pour relever le défi en refermant ce livre : vivre agréablement, en mangeant définitivement comme tout le monde six jours sur sept. Votre vie d'autrefois, celle où vous étiez si mal dans votre peau, est derrière vous.

La phase de stabilisation en bref...

Négliger les consignes
de la stabilisation,
c'est être sûr de reprendre
le poids perdu.

En phase de stabilisation,
vous vous nourrirez
normalement
six jours sur sept.

Vous tâcherez de mettre
en application ce que vous avez
appris au cours de ce régime :
vous agencerez les différents
aliments selon leur importance :
vitale (les protéines, les légumes),
agréable (les glucides),
essentielle, utile, de confort,
de plaisir.

Une fois par semaine,
le jeudi de préférence,
revenez aux protéines pures.

Cette consigne est
non négociable.
Elle sera votre rempart contre
une éventuelle reprise de poids.

Le jeudi,
vous boirez
au moins
2 litres d'eau.

Vous consommerez
chaque jour 3 cuillerées
à soupe de son d'avoine.

Vous éviterez de prendre l'ascenseur.
Chaque jour, votre corps
devra être actif, même
si vous n'êtes pas sportif.

Le livre de votre poids

• **Qui** aujourd'hui peut seulement prendre le temps de poser 154 questions pertinentes ? Personne assurément !
• **Qui** prendrait celui de les analyser et de les classer pour comprendre le cas de celui qui y a répondu et apporter les solutions adaptées ?
• **Qui** prendrait la plume pour rédiger un tel bilan et une feuille de route adaptée à chaque cas ?
• **Quel** imprimeur enfin imprimerait un tel ouvrage en un seul exemplaire et le ferait livrer au domicile de celle ou celui qui l'aurait commandé ?
Cela, nous l'avons fait tous ensemble sous l'aiguillon de la passion et du plaisir d'innover et de construire du fondamentalement innovant dans un monde où tout semble avoir été dit. Pratiquement tous des bénévoles, 32 médecins, quatre ingénieurs et un architecte informaticien de génie, des graphistes.

Deux apports majeurs qui changent tout : personnalisation et suivi

La personnalisation : l'approche à visage humain

• Une réflexion internationale

En 2003, j'ai lancé un groupe de réflexion international en réseau sur l'évolution inquiétante du surpoids et de l'obésité dans le monde. Des confrères nutritionnistes américains, anglais, espagnols et allemands assistent à la progression de ce fléau et cherchent des solutions.
Un fait était clair : rien à ce jour n'avait pu contenir l'épidémie du surpoids et la résistance était affaiblie encore par le cloisonnement des recherches et le choix d'une méthode faisant consensus.
Une autre conclusion de cette analyse établissait que la pénibilité du régime au sein d'un monde d'incitation à consommer était l'obstacle fondateur. Pour l'atténuer, il fallait une assistance et un encadrement fondés sur deux éléments d'évidence : la relation personnelle avec celui qui allait assumer la restriction et le suivi au quotidien pour l'entourer jour après jour, kilo après kilo.

• Internet, support de personnalisation

Tous les ouvrages, méthodes, plans proposés pour s'attaquer au surpoids, quelles que soient leurs qualités, sont des méthodes standardisées ne prenant pas en compte l'individu, sa personnalité, son hérédité et ses préférences alimentaires.
Le projet « personnalisation de masse » a porté sur la réalisation d'un programme permettant de réaliser une étude personnalisée pour chaque cas de surpoids. Des questions établies par un collègue médecin ont permis de récolter 154 réponses profilant un cas singulier.
En fonction des tous les éléments individuels pris en compte, un plan global pour maigrir selon sa personnalité pondérale a été proposé, une véritable feuille de route. Ce chantier a mobilisé 32 médecins et une équipe d'ingénieurs informaticiens. Il a débouché sur la création du premier livre à lecteur unique de l'histoire de l'édition.

Sur 10 000 cas, l'étude Apage a montré que l'approche personnalisée du surpoids apportait un nouvel outil dans l'arsenal de la lutte contre le surpoids. Une perte de poids optimale comparable à celle obtenue par les meilleurs intervenants, mais avec des résultats radicalement meilleurs sur la stabilisation du poids et son maintien à 24 mois.

Le suivi quotidien : un plan antidouleur

• Le coaching par Internet

Un autre consensus international porte sur l'intérêt majeur du suivi quotidien. Ce rôle est en général celui du médecin nutritionniste. Or il n'existe en France que 270 nutritionnistes pour 20 millions de personnes en surpoids. Il fallait donc créer un coaching utilisable à grande échelle. Le seul canal d'hébergement et de dialogue ne pouvait être que celui d'Internet.

Attention ! Il existe de nombreux sites Internet proposant un coaching. À ma connaissance, aucun d'eux, même parmi les plus grands, n'offre un service personnalisé (rien n'y distingue un utilisateur d'un autre) ni un vrai suivi (les consignes sont standard et ne prennent pas en compte les résultats).

• Consignes du matin et compte-rendu du soir

Les mêmes équipes médicales et cliniques ont utilisé le savoir-faire acquis pour la personnalisation précédente et ont élaboré un service unique au monde fondé sur une technologie nouvelle et breveté : le canal EARQ (e-mail aller-retour quotidien).

Chaque matin, un e-mail porteur de consignes adaptées au cas de chaque utilisateur lui parvient avec ses 3 volets : alimentation (menus), activité physique et soutien de motivation et de dialogue.

Chaque soir, et c'est là que se déploie la personnalisation et la véracité du suivi, l'utilisateur rend compte en quelques clics de son poids du jour, de ses écarts alimentaires, de son activité physique, de son niveau de motivation, de l'aliment qui lui a le plus manqué. Enfin, démontrant la réalité du suivi, les éléments fournis dans le compte-rendu sont pris en compte pour élaborer l'e-mail de consignes du lendemain. C'est ce patient et constant encadrement, dans un aller-retour quotidien de consignes et de compte-rendu qui permet de maigrir avec le maximum d'efficacité, le minimum de frustration et le plus durablement.

En pratique...

Un questionnaire de 154 questions et le recueil des réponsespermettent d'exploiter l'équation individuelle.

L'étude est lancée et 8 jours après, une synthèse est réalisée, éditée et imprimée en un exemplaire unique, à l'attention exclusive de l'utilisateur.
Remplissez le questionnaire sur Internet www.livredemonpoids.com ou complétez la version papier disponible dans le livre *Maigrir à la carte.*

Le coaching par Internet est accessible sur www.regimedukan.com
Un accès et une tarification préférentielle sont accordés aux lecteurs de cet ouvrage en utilisant le code « Flammarion ».

Les entrées et amuse-bouches

PHASE 1

Œufs brouillés aux œufs de saumon

- **Pour 2 personnes**
- **Temps de préparation**
  15 minutes
- **Temps de cuisson**
  10 minutes
- **Temps de réfrigération**
  10 minutes
- **Ingrédients**
  > 3 œufs entiers
  > 2 c. à c. d'œufs de saumon
  > Sel, poivre
  Pour la chantilly
  > 2 blancs d'œufs battus
  > 2 petits-suisses à 0 %
  > Sel, poivre

Dans une petite casserole à fond épais, cassez les œufs, salez et poivrez. Faites-les cuire à feu très doux, sans cesser de remuer avec une cuillère en bois (en dessinant des 8). Lorsqu'ils sont bien brouillés avec la consistance d'une crème, mettez-les dans des ramequins.

Faites une chantilly avec les blancs battus en neige ferme, les petits-suisses, le sel et le poivre.

Versez sur les œufs et décorez d'œufs de saumon.

Réservez au frais jusqu'au moment de servir.

PHASE 2
PP

Gambas en verrines dans leur sauce vanillée

- **Pour 4 personnes**
- **Temps de préparation**
  15 minutes
- **Temps de cuisson**
  20 minutes
- **Ingrédients**
  > 15 cl de crème allégée à 3 % (toléré)
  > 1 gousse de vanille
  > 2 échalotes
  > 2 c. à s. de vin blanc (facultatif et toléré)
  > 12 gambas
  > 1/2 c. à c. de curcuma
  > 1/4 de c. à c. de paprika

Faites chauffer la crème jusqu'au premier bouillon, puis faites-y infuser la vanille que vous aurez préalablement fendue en deux.

Pelez puis émincez les échalotes et faites-les cuire à feu très doux dans une poêle à revêtement antiadhésif avec 4 cuillerées à soupe d'eau, jusqu'à ce qu'elles deviennent transparentes. Versez le vin blanc et faites réduire. Ajoutez les gambas épluchées et faites revenir jusqu'à ce qu'elles soient cuites. Versez la crème (après avoir enlevé la gousse), le curcuma et le paprika.

Mettez le tout en verrines et servez chaud.

PHASE 2
PP

Saint-jacques poêlées, vanille en écume

- **Pour 4 personnes**
- **Temps de préparation**
  20 minutes
- **Temps de cuisson**
  15 minutes
- **Ingrédients**
  > 16 noix de saint-jacques surgelées
  > 15 cl de fumet de poisson
  > 1 gousse de vanille
  > 10 gouttes d'arôme de rhum
  > 10 cl de crème liquide à 3 % (toléré) ou 10 cl de fromage blanc à 0 %
  > 1 bonne pincée d'agar-agar

Faites décongeler les noix de saint-jacques au réfrigérateur.

Versez le fumet de poisson dans une casserole. Fendez la gousse de vanille dans le sens de la longueur et grattez-la sur le fumet. Portez à ébullition et laissez infuser 10 minutes. Filtrez et gardez la gousse pour la décoration si vous le désirez.

Faites revenir pendant 2 à 3 minutes les noix de saint-jacques dans une poêle à revêtement antiadhésif. Réservez au chaud.

Déglacez la poêle avec 2 cuillerées à soupe d'eau mélangées à l'arôme de rhum. Incorporez au fumet. Ajoutez la crème, puis l'agar-agar. Filtrez.
Si vous possédez un siphon à chantilly, versez le mélange, fermez et insérez une cartouche de gaz. Secouez bien.
Si vous n'en possédez pas, émulsionnez le mélange pour qu'il devienne mousseux.

Disposez les noix de saint-jacques dans des assiettes creuses, accompagnez d'écume de fumet à la vanille.

Décorez avec la gousse de vanille coupée en morceaux.

PHASE 2
PP

Aumônière de moules au saumon fumé

- **Pour 1 personne**
- **Temps de préparation**
  5 minutes
- **Temps de cuisson**
  5 minutes
- **Ingrédients**
  > 10 moules déjà cuites
  > 1 c. à c. de crème allégée à 3 % (toléré)
  > 1 belle tranche de saumon fumé
  > 1 carré de fromage frais à 0 %
  > 1 brin de ciboulette

Faites chauffer à feu doux pendant 5 minutes vos moules déjà cuites dans une poêle à revêtement antiadhésif. Au dernier moment, ajoutez la crème allégée.

Placez la tranche de saumon fumé dans votre assiette et étalez le fromage frais. Versez les moules dessus.

Formez l'aumônière en refermant le saumon fumé à l'aide d'un brin de ciboulette.

PHASE 2 PL

Mille-feuilles de concombre et saumon

- **Pour 6 personnes**
- **Temps de préparation**
  15 minutes
- **Ingrédients**
  > 1 concombre
  > 180 g de saumon fumé
  > 2 carrés de fromage frais à 0 %
  > 3 tiges de thym
  > 1 petit pot d'œufs de saumon
  > Sel, poivre

Rincez et séchez le concombre. Coupez-le en tronçons de 10 cm de long, puis émincez chaque morceau en fines lamelles.

Coupez les tranches de saumon en trois.

Montez les 6 mille-feuilles en alternant 2 lamelles de concombre et 1 lamelle de saumon fumé avec un peu de fromage frais réparti dessus. Salez légèrement le concombre et poivrez le saumon fumé. Parsemez d'un peu de thym effeuillé. Terminez par 1 tranche de concombre.

Décorez d'œufs de saumon puis réservez au frais.

Crevettes sauce curry et ses tomates-cerises

PHASE 2 PL

- **Pour 2 personnes**
- **Temps de préparation**
  10 minutes
- **Temps de cuisson**
  10 minutes
- **Ingrédients**
  > 16 crevettes
  > 10 cl de crème allégée liquide à 3 % (toléré)
  > 15 gouttes d'arôme de coco note lait
  > 1/2 c. à c. de curry
  > 1/4 c. à c. de piment doux rouge en poudre
  > 8 tomates-cerises

Décortiquez les crevettes et faites-les dorer dans une poêle à revêtement antiadhésif.

Pendant ce temps, préparez la sauce en mélangeant la crème, l'arôme, le curry et le piment doux rouge.

Dès que les crevettes sont dorées, mettez la sauce dans la poêle et remuez.

Versez dans des assiettes creuses et placez les tomates-cerises en les présentant avec de petites piques.

En phase 3 de consolidation, vous pouvez remplacer la crème et l'arôme par 10 cl de lait de coco.

Aspic d'œufs au homard et au saumon fumé

PHASE 2 PL

- **Pour 6 personnes**
- **Temps de préparation**
  20 minutes
- **Temps de cuisson**
  30 minutes
- **Temps de réfrigération**
  2 heures
- **Ingrédients**
  > 3 œufs entiers
  > 1 sachet de gelée au Madère (24 g)
  > 1 botte d'asperges blanches
  > 1/2 homard surgelé cuit
  > 3 tranches de saumon fumé
  > 1/2 botte de persil

Faites cuire les œufs durs et coupez-les en deux.

Réalisez la gelée au Madère selon la recette indiquée sur le sachet.

Faites cuire les asperges. Laissez-les refroidir et mettez-les sur un linge pour évacuer toute l'eau.

Dans un petit plat, répartissez le homard détaillé en médaillons, recouvrez avec les œufs, jaunes en dessous. Versez la gelée et mettez au frais au moins 2 heures.

Au moment de servir, démoulez l'aspic au milieu du plat, placez les asperges en éventail et les tranches de saumon fumé coupées en deux. Parsemez de persil haché pour mettre un peu de couleur.

PHASE 2
PP

Mini-bouchées au saumon fumé

- **Pour 50 bouchées environ**
- **Temps de préparation**
  25 minutes
- **Temps de cuisson**
  20 minutes
- **Ingrédients**
  Pour la pâte à bouchées
  > 4 c. à s. de son d'avoine
  > 2 c. à s. de son de blé
  > 1/2 sachet de levure chimique
  > 3 c. à s. de fromage blanc à 0 %
  > 3 œufs entiers + 1 blanc
  > 1 c. à c. d'arôme d'amande amère
  > Sel, poivre
  Pour la garniture
  > 4 carrés de fromage frais à 0 %
  > 3 c. à c. de fromage blanc à 0 %
  > Fines herbes ou ciboulette fraîche
  > 2 belles tranches de saumon fumé
  > Sel, poivre

Enlevez la grille du four et préchauffez à 210 °C (th. 7).

Mélangez dans un saladier les sons, la levure, le fromage blanc, les œufs, le blanc d'œuf et l'arôme d'amande amère. Salez et poivrez un peu.

Répartissez la pâte dans un moule souple à mini-bouchées. Disposez sur la grille du four et enfournez pendant 20 minutes. La cuisson diffère selon les fours, alors surveillez bien.

Mélangez dans un bol les fromages frais et le fromage blanc. Écrasez le tout à la fourchette. Salez, poivrez et ajoutez un peu de fines herbes ou, si vous en avez, de la ciboulette fraîche finement ciselée.

Répartissez le mélange dans les petites bouchées à l'aide d'une petite cuillère ou d'une poche.

Coupez le saumon en petits carrés et disposez-les en décoration.

Décorez de fines herbes.

Vous pouvez également mettre des œufs de lump à la place du saumon fumé ou remplacer la garniture à base de carrés de fromage frais par une mousse au thon, au saumon ou une mousse au tofu fumé.

Duo léger saumon-brocoli

PHASE 2
PL

- **Pour 12 verrines**
- **Temps de préparation**
  15 minutes
- **Temps de réfrigération**
  1 heure
- **Ingrédients**
  Pour la mousse de saumon
  > 150 g de saumon fumé
  > 8 c. à s. de fromage blanc à 0 %
  > Jus de 1/2 citron
  > Sel, poivre
  Pour la mousse de brocoli
  > 1/2 brocoli cuit
  > 2 carrés de fromage frais à 0 %
  > 1 c. à s. de fromage blanc à 0 %
  > Jus de 1/2 citron
  > Un peu de curry en poudre (décoration)
  > Sel, poivre

Mixez le saumon avec le fromage blanc et le jus de citron jusqu'à l'obtention d'un mélange mousseux homogène. Salez, poivrez un peu et versez dans les verrines. Réservez au réfrigérateur le temps de préparer le brocoli.

Mixez le brocoli avec les fromages frais, le fromage blanc et le jus de citron. Salez, poivrez. Ajoutez ce mélange sur la préparation au saumon. Terminez par une touche de curry et remettez au frais pendant 1 heure.

Sortez les verrines 10 minutes avant de servir.

PHASE 2
PL

Bouchées de concombre aux œufs de lump

- **Pour 4 personnes**
- **Temps de préparation**
  20 minutes
- **Temps de cuisson**
  3 minutes
- **Temps de réfrigération**
  10 minutes
- **Ingrédients**
  > 1/2 concombre fin
  > 6 c. à s. de fromage blanc à 0 %
  > 2 carrés de fromage frais à 0 %
  > 5 à 10 gouttes d'arôme de chèvre (facultatif)
  > 1 petit pot d'œufs de lump rouges (100 g)

Épluchez le concombre à l'aide d'un économe et conservez les lanières de peau intactes. Plongez-les 3 minutes dans de l'eau bouillante afin de les rendre plus souples. Égouttez-les et réservez-les à température ambiante.

Coupez le concombre en 4 tronçons égaux et creusez délicatement chacun d'eux en laissant un fond d'environ 1 cm.

Mélangez le fromage blanc et les fromages frais. Ajoutez l'arôme. Garnissez le fond des concombres. Comblez avec les œufs de lump, en dépassant légèrement sur le dessus.

Coupez les lanières de concombre dans la longueur, afin de réaliser des petits liens qui serviront de nœuds décoratifs sur chaque bouchée.

Réservez au frais jusqu'au moment de servir.

PHASE 2
PL

Couronne de légumes grillés

- **Pour 8 personnes**
- **À faire la veille**
- **Temps de préparation**
  30 minutes
- **Temps de cuisson**
  25 minutes
- **Temps de réfrigération**
  24 heures
- **Ingrédients**
  > 2 aubergines
  > 5 courgettes
  > 2 poivrons rouges
  > 2 poivrons jaunes
  > 4 g d'agar-agar
  > 20 cl de coulis de tomate maison ou 20 cl de bouillon de volaille dégraissé
  > 1 bouquet de basilic
  > Sel, poivre

Coupez les aubergines et les courgettes en lamelles.
Faites griller les légumes au four à 180 °C (th. 6). Retirez les poivrons lorsque leur peau noircit, puis mettez-les dans un sac plastique ou dans un saladier fermé pour pouvoir les peler facilement.

Dans une casserole, mélangez l'agar-agar au coulis de tomate ou au bouillon. Amenez à ébullition pendant 2 minutes. Salez, poivrez.

Prenez un moule à savarin (en forme de couronne) ou une autre forme (terrine…). Placez dans le fond les légumes qui serviront de décor. Alternez poivrons rouges et jaunes. Versez un peu du liquide gélifiant entre les couches et intercalez des feuilles de basilic pour apporter une saveur supplémentaire.
Lorsque tous les légumes sont disposés, versez le reste du liquide en tassant un peu. Placez une assiette sur le moule, posez un poids pour tasser et réservez au réfrigérateur pendant au moins 24 heures.

Démoulez juste avant de servir accompagné d'une petite vinaigrette et de feuilles de basilic pour décorer.

Mousseline légère aux poireaux, petit jus de tomate

PHASE 2
PL

- **Pour 4 personnes**
- **Temps de préparation**
  20 minutes
- **Temps de cuisson**
  20 minutes
- **Temps de réfrigération**
  2 heures
- **Ingrédients**
  > 3 blancs de poireau
  > 1/2 cube de bouillon de pot-au-feu dégraissé
  > 400 g de tofu soyeux
  > 2 c. à s. de sauce teriyaki (sauce japonaise) ou sauce soja
  > 2 g d'agar-agar
  > 150 ml de lait écrémé
  > 4 belles tomates
  > Sel, poivre

Lavez les blancs de poireau et coupez-les en fines rondelles. Faites-les revenir à feu doux dans une Cocotte-Minute avec 4 cuillerées à soupe d'eau et le 1/2 bouillon cube. Recouvrez-les ensuite d'eau, puis fermez la cocotte. Comptez 10 minutes de cuisson dès le sifflement de la cocotte.

Égouttez les poireaux et mixez-les avec le tofu soyeux et la sauce teriyaki.

Dans une casserole, mélangez l'agar-agar et le lait écrémé (vous pouvez aussi prendre du lait de soja). Portez à ébullition et laissez frémir pendant 30 secondes. Ajoutez au mélange de poireaux et mixez le tout. Salez, poivrez.

Versez dans des ramequins tapissés de film étirable. Laissez refroidir à température ambiante puis placez au réfrigérateur pendant 2 heures.

Pelez les tomates. Mixez-les avec un peu d'eau. Versez le jus de tomate dans chaque assiette, démoulez la mousseline et déposez-la doucement sur le jus. Décorez selon votre goût.

Vous trouverez le tofu soyeux en magasins bio et diététiques.

Soupe d'Halloween

PHASE 2
PL

- **Pour 4 à 6 personnes**
- **Temps de préparation**
  15 minutes
- **Temps de cuisson**
  1 heure
- **Ingrédients**
  > 250 g de chair de citrouille
  > 1 oignon moyen
  > 1 fenouil
  > 1/2 litre de lait écrémé
  > 1 carotte
  > Sel, poivre

Enlevez les graines et ôtez la chair de la citrouille. Coupez-la en petits dés d'environ 1 cm.

Épluchez et émincez l'oignon. Épluchez et coupez la carotte en fines lamelles. Taillez le bulbe de fenouil en julienne. Faites revenir dans une poêle à revêtement antiadhésif l'oignon, la carotte et le fenouil avec 4 cuillerées à soupe d'eau. Dès que l'eau s'est évaporée, ajoutez les petits dés de citrouille et un peu d'eau. Faites cuire à couvert pendant 40 minutes, en remuant de temps en temps et en vérifiant bien que les légumes n'accrochent pas. Dans ce cas, versez un fond d'eau.

Faites chauffer le lait dans une casserole.

Mixez la soupe en ajoutant le lait au fur et à mesure. Salez, poivrez. Répartissez dans les assiettes creuses.

PHASE 2
PL

Verrines de jambon et de tomates en sauce

- **Pour 6 personnes**
- **Temps de préparation**
  20 minutes
- **Temps de réfrigération**
  1 heure
- **Ingrédients**

  Pour la mousse de jambon
  > 100 g de jambon (dinde, poulet ou blanc dégraissé)
  > 1 carré de fromage frais à 0 %
  > 10 cl de crème fraîche liquide à 3 % (toléré)
  > 1 pointe de paprika
  > Poivre

  Pour la sauce tomate
  > 1 petite brique de tomates concassées
  > 1 gousse d'ail
  > 2 carrés de fromage frais à 0 %
  > 1 c. à c. de ciboulette
  > Quelques feuilles de basilic (décoration)

Mixez ensemble les ingrédients de chaque préparation pour obtenir deux mélanges distincts.

Laissez reposer environ 1 heure au réfrigérateur.

Garnissez les verrines en alternant une couche de sauce tomate et une couche de mousse au jambon.

Décorez avec 1 à 2 feuilles de basilic.

Verrines fraîcheur

PHASE 2
PL

- **Pour 6 personnes**
- **Temps de préparation**
  15 minutes
- **Ingrédients**
  > 3 c. à s. de surimi râpé
  > 1/2 brocoli cuit
  > Le jus de 1 citron vert
  > 2 carrés de fromage frais à 0 %
  > 2 c. à s. de crème fraîche liquide à 3 % (toléré)
  > 1 c. à c. d'aneth ciselé
  > 3 tranches de saumon fumé
  > Poivre

Dans chaque verrine, répartissez le surimi râpé.

Écrasez le 1/2 brocoli en purée et arrosez-le du jus de citron. Déposez une couche de purée sur le surimi.

Mixez le fromage frais avec la crème, l'aneth ciselé et poivrez. Placez une couche de ce mélange sur le brocoli.

Coupez le saumon fumé en fines lamelles et déposez-les en forme de spirales pour terminer la verrine.

Décorez avec un peu de surimi râpé et de la ciboulette.

PHASE 2
PL

Concombre au cœur de saumon fumé

- **Pour 6 personnes**
- **Temps de préparation**
  30 minutes
- **Temps de réfrigération**
  6 heures
- **Ingrédients**
  > 1 concombre
  > 1 c. à c. d'agar-agar
  > 2 tranches de saumon fumé
  > 1 pincée de sel

Faites bouillir 25 cl d'eau avec 1 pincée de sel.

Pendant ce temps, pelez le concombre et ôtez les graines.

Dès que l'eau bout, ajoutez l'agar-agar, mélangez bien pour le diluer et laissez bouillir 2 minutes. Retirez du feu, plongez-y le concombre et mixez l'ensemble.

Hachez le saumon fumé.

Dans des moules souples à cannelés (ou une autre forme), versez la préparation au concombre jusqu'à mi-hauteur, ajoutez 1 cuillerée à soupe de saumon haché et finissez de remplir le moule avec le concombre. Laissez refroidir pour que la préparation se gélifie.

Réservez au réfrigérateur pendant au moins 6 heures avant de servir.

Soupe de poivrons au gingembre

PHASE 2 PL

- **Pour 4 personnes**
- **Temps de préparation**
  20 minutes
- **Temps de cuisson**
  50 minutes
- **Ingrédients**
  > 3 poivrons rouges
  > 1 oignon rouge
  > 2 gousses d'ail
  > 1 morceau de 5 cm de gingembre râpé
  > 1 c. à c. de cumin moulu
  > 1 c. à c. de coriandre moulue
  > 1 c. à s. de fécule de maïs (toléré)
  > 90 cl de bouillon de poule dégraissé
  > 4 c. à s. de fromage blanc à 0 %
  > Sel, poivre

Préchauffez le four à 200 °C (th. 6/7).

Placez les poivrons coupés en deux, l'oignon épluché et coupé en quatre et les gousses d'ail en chemise sur une plaque antiadhésive. Faites-les cuire au four 4 minutes, jusqu'à ce que la peau des poivrons se craquelle.

Faites chauffer dans une poêle à revêtement antiadhésif 4 cuillerées à soupe d'eau et faites-y revenir doucement le gingembre, le cumin et la coriandre 5 minutes. Ajoutez la fécule de maïs, mélangez bien et assaisonnez. Versez le bouillon de poule, couvrez et laissez mijoter 30 minutes.

Pelez les gousses d'ail et écrasez-les. Ajoutez l'oignon et l'ail à la soupe.

Pelez les demi-poivrons, réservez-en un pour le couper en lanières et incorporez les autres à la préparation. Laissez mijoter 5 minutes.

Mixez la soupe jusqu'à ce que le mélange soit lisse. Reversez dans une casserole et réchauffez.

Servez avec 1 cuillerée à soupe de fromage blanc à 0 % par personne et des lanières de poivron.

Tofu tandoori

PHASE 2
PL

- **Pour 2 personnes**
- **Temps de préparation**
  10 minutes
- **Temps de réfrigération**
  de 3 à 8 heures
- **Temps de cuisson**
  25 minutes
- **Ingrédients**
  > 1 c. à s. de jus de citron
  > 1 yaourt brassé à 0 %
  > 2 c. à s. d'épices tandoori
  > 250 g de tofu ferme
  > Sel, poivre

Mélangez le jus de citron, le yaourt et les épices.

Coupez le tofu en cubes et ajoutez-le à la préparation précédente. Mélangez de façon à ce que les cubes soient totalement enrobés. Réservez au frais quelques heures, ou mieux, une nuit.

Préchauffez le four à 240 °C (th. 8).

Disposez les cubes dans un plat allant au four avec la marinade. Faites cuire au four pendant 25 minutes en retournant régulièrement.

Piquez avec des cure-dents et servez chaud.

Vous trouverez du tofu ferme dans les magasins bio et diététiques.

PHASE 2
PL

Cocktail fraîcheur de viande des Grisons

- **Pour 6 personnes**
- **Temps de préparation**
  20 minutes
- **Ingrédients**
  > 3 tomates moyennes
  > 6 carottes
  > 300 g de céleri en branches
  > 1/2 botte de cerfeuil
  > 6 pincées de curry en poudre
  > 12 tranches de viande des Grisons
  > Sel, poivre

Pelez et épépinez les tomates. Épluchez, lavez et émincez les carottes. Effeuillez le céleri et émincez les branches.

Mixez tous les légumes, salez et poivrez.

Ciselez finement le cerfeuil.

Versez la préparation dans 6 verres, puis saupoudrez de 1 pincée de curry et de cerfeuil. Ajoutez en dernier 2 tranches de viande des Grisons que vous aurez préalablement mises en chiffonade.

Cake au potiron

PHASE 3

- **Pour 8 personnes**
- **Temps de préparation**
  15 minutes
- **Temps de cuisson**
  1 h 05
- **Ingrédients**
  > 400 g de chair de potiron
  > 3 œufs entiers
  > 10 gouttes d'arôme de beurre
  > 20 gouttes d'arôme de marron
  > 10 cl de lait écrémé
  > 50 g de farine complète
  > 50 g de son d'avoine
  > 1/2 sachet de levure chimique
  > 150 g d'allumettes de poulet
  > 100 g d'emmental râpé allégé à 5 % (toléré)
  > Un peu de persil
  > Un peu de muscade
  > Sel, poivre

Enlevez la peau du potiron et coupez la chair en dés d'environ 1 cm. Faites-les revenir dans une poêle à revêtement antiadhésif avec 4 cuillerées à soupe d'eau. Remuez de temps en temps et n'hésitez pas à remettre de l'eau si besoin. Vérifiez la cuisson avec la pointe d'un couteau. Si cela s'enfonce bien, arrêtez le feu. Mixez en purée et réservez.

Préchauffez le four à 210 °C (th. 7).

Dans un saladier, battez les œufs en omelette avec les arômes. Ajoutez la purée de potiron, le lait, la farine, le son d'avoine et la levure. Mélangez bien. Incorporez les allumettes de poulet et l'emmental. Ajoutez un peu de persil, de muscade, du sel et du poivre.

Versez dans un moule à cake ou un moule à soufflé et enfournez pendant 50 minutes. Vérifiez la cuisson avec la pointe d'un couteau.

Les plats

PHASE 1

Omelette à la menthe et au curry

- **Pour 2 personnes**
- **Temps de préparation**
  5 minutes
- **Temps de cuisson**
  10 minutes
- **Ingrédients**
  > 4 œufs entiers
  > 50 g de fromage blanc à 0 %
  > 1 bonne pincée de curry
  > Quelques feuilles de menthe fraîche
  > Sel, poivre

Dans un bol, battez les œufs avec le fromage blanc. Salez, poivrez et ajoutez le curry.

Hachez les feuilles de menthe et ajoutez-les à la préparation. Mélangez bien.

Faites cuire à feu doux chacune des faces de l'omelette dans une poêle à revêtement antiadhésif.

PHASE 2
PL

Choucroute aux fruits de mer

- **Pour 4 personnes**
- **Temps de préparation**
  30 minutes
- **Temps de cuisson**
  1 h 15
- **Ingrédients**
  > 2 kg de choucroute crue
  > 10 grains de genièvre
  > 10 cl de riesling (toléré)
  > 600 g de filet de julienne
  > 12 noix de saint-jacques
  > 6 moules d'Espagne
  > 2 filets de haddock
  > 6 crevettes bouquet
  > 6 fines tranches d'anguille fumée
  > 1 peu d'aneth
  > Sel, poivre
  > Piques en bois de 12 cm de long
  Pour la sauce
  > 2 échalotes
  > 10 cl de riesling (toléré)
  > 10 gouttes d'arôme de beurre
  > Sel, poivre

Rincez la choucroute plusieurs fois. Installez-la dans le panier d'un autocuiseur, ajoutez les grains de genièvre, arrosez la choucroute de riesling, de 40 cl d'eau et faites cuire 1 h 15.

Coupez les filets de julienne en 16 cubes, poivrez-les. Composez des brochettes sur les piques en bois en alternant cubes de poisson et noix de saint-jacques.

Grattez et lavez les moules. Vingt minutes avant la fin de la cuisson de la choucroute, ajoutez les brochettes dans le panier ; 10 minutes après, ajoutez le haddock et les moules ; 7 minutes après, mettez les crevettes et les tranches d'anguille.

Pendant la cuisson de la choucroute, préparez la sauce. Émincez les échalotes. Mettez-les dans une casserole avec le vin, 5 cuillerées à soupe d'eau et l'arôme de beurre. Salez, poivrez. Faites réduire à feu vif. Réservez la sauce au chaud dans un bain-marie jusqu'au moment de servir.

Dressez la choucroute en dôme sur un plat de service chaud. Disposez les poissons dessus, décorez avec quelques brins d'aneth et servez la sauce à part.

PHASE 2
PL

Gratin de morue aux girolles

- **Pour 4 personnes**
- **Temps de préparation**
  30 minutes
- **Temps de cuisson**
  40 minutes
- **Ingrédients**
  > 600 g de morue
  > 1 petit bouquet de thym
  > 2 oignons
  > 4 clous de girofle
  > 2 feuilles de laurier
  > 1 bouquet de persil
  > 40 cl de bouillon de poule dégraissé
  > 250 g de girolles
  > 3 gousses d'ail
  > 20 cl de crème fraîche à 3 %
  > 2 poignées d'emmental râpé à 5 % (toléré)
  > Sel, poivre

La veille, dessalez la morue, peau au-dessus.

Chauffez de l'eau dans une cocotte, plongez-y la morue avec le thym, 1 oignon piqué de 4 clous de girofle, le laurier et un peu de persil. Faites cuire 10 minutes.

Dans une sauteuse, versez 20 cl de bouillon de poule. Ajoutez les girolles nettoyées. Salez, poivrez et laissez cuire.

Sortez la morue, enlevez la peau et les arêtes.

Préchauffez le four à 180 °C (th. 6).

Mettez l'ail pilé et le persil haché dans les girolles cuites. Remuez, arrêtez le feu, couvrez et laissez infuser les girolles.

Dans une poêle à revêtement antiadhésif, faites brunir 1 oignon émincé, puis versez 20 cl de bouillon. Laissez mijoter à feu doux le temps que toute l'eau s'évapore.

Allumez le feu sous les girolles, ajoutez les oignons et la morue effeuillée, remuez, incorporez la crème fraîche. Versez dans un plat à gratin. Parsemez d'emmental et mettez au four 20 minutes.

PHASE 2
PL

Coques méditerranéennes

- **Pour 2 à 4 personnes**
- **Temps de préparation**
  10 minutes
- **Temps de cuisson**
  35 minutes
- **Ingrédients**
  > 6 échalotes
  > 400 g de tomates concassées
  > 1 c. à c. d'arôme de cognac
  > 1 branche de thym
  > 1 c. à s. d'origan
  > 10 cl de crème fraîche à 3 % (toléré)
  > 1 kg de coques
  > 1 c. à s. de fécule de maïs (toléré)

Émincez les échalotes et faites-les revenir avec 4 cuillerées à soupe d'eau. Ajoutez à feu vif les tomates, l'arôme de cognac, les herbes, la crème fraîche et la fécule diluée dans 2 cuillerées à soupe d'eau. Faites réduire pendant environ 5 minutes.

Ajoutez les coques préalablement lavées et faites cuire le tout à feu moyen pendant 25 minutes.

Servez avec les légumes de votre choix.

Médaillons de sole au saumon

PHASE 2 PP

- **Pour 4 personnes**
- **Temps de préparation**
  20 minutes
- **Temps de cuisson**
  20 minutes
- **Ingrédients**
  > 1 pavé de saumon de 160 g
  > 4 filets de sole
  > 1 citron
  > Gros sel, poivre

Préchauffez le four à 200 °C (th. 6/7).

Coupez le pavé de saumon en quatre, sans la peau.

Détachez les filets de sole s'ils ne le sont pas complètement.

Prenez un filet, mettez un morceau de saumon dessus et roulez le filet de sole autour. Attachez le tout avec un fil blanc noué.

Placez les médaillons dans un plat allant au four. Parsemez d'un peu de gros sel, de poivre moulu et d'un filet de citron.

Mettez le plat dans le four chaud à 200 °C (th. 6/7) pendant 20 minutes.

Servez avec une sauce béchamel ou en phase de croisière PL avec un coulis de tomate.

Lapin à la moutarde et ses endives braisées

PHASE 2 PL

- **Pour 4 personnes**
- **Temps de préparation**
  15 minutes
- **Temps de cuisson**
  55 minutes
- **Ingrédients**
  > 1 lapin coupé en morceaux
  > 2 échalotes
  > 1/2 litre de bouillon de pot-au-feu dégraissé
  > 3 c. à s. de moutarde (normale ou à l'ancienne)
  > 2 c. à s. de crème fraîche épaisse à 3 % (toléré)
  > 1 bonne pincée de gingembre
  > 1 c. à s. de persillade toute prête
  > 2 branches de romarin
  > Sel, poivre

  Pour les endives
  > 3 kg d'endives
  > 1 bouillon cube de pot-au-feu dégraissé
  > 1 c. à s. de persillade toute prête
  > Poivre

Huilez avec du papier absorbant le fond de votre cocotte. Versez 10 cl d'eau et faites frémir. Déposez les morceaux de lapin et saisissez-les des deux côtés. Ajoutez les échalotes pelées et émincées, en remuant jusqu'à ce qu'elles soient dorées. Mouillez avec le bouillon, poivrez, couvrez et laissez mijoter pendant 30 minutes.

Ajoutez ensuite la moutarde, la crème, le gingembre, la persillade et le romarin. Remuez bien avec une cuillère en bois. Poursuivez la cuisson 15 minutes.

Pendant que le lapin mijote, préparez vos endives. Coupez-les en rondelles d'environ 2 cm et lavez-les. Mettez-les dans un torchon pour absorber l'eau. Disposez les endives dans une sauteuse et laissez-les fondre tout doucement. Émiettez le bouillon cube et ajoutez 10 cl d'eau. Poivrez légèrement et terminez par une touche de persillade. Laissez mijoter jusqu'à ce que l'eau s'évapore.

Moules à l'orientale

PHASE 2
PL

- **Pour 2 personnes**
- **Temps de préparation**
  10 minutes
- **Temps de cuisson**
  10 minutes
- **Ingrédients**
  > 1 kg de moules
  > 1 boîte de concentré de tomate
  > 2 échalotes
  > 1/2 bouquet de persil
  > 1 c. à c. de cumin en poudre
  > 1 pincée de gingembre en poudre

Mettez les moules déjà nettoyées dans une cocotte.

Recouvrez-les à moitié d'eau et versez le concentré de tomate.

Pelez, émincez les échalotes et ajoutez-les à la préparation.

Mettez ensuite un peu de persil, le cumin et le gingembre.

Dès que les moules sont ouvertes, servez.

Blanquette de veau anisée au fenouil

PHASE 2 PL

- **Pour 4 personnes**
- **Temps de préparation**
  35 minutes
- **Temps de cuisson**
  1 h 15
- **Ingrédients**
  > 4 bulbes de fenouil
  > 1 gros oignon
  > 4 carottes
  > 1 poireau
  > 800 g de veau dégraissé
  > 1 bouillon cube de pot-au-feu dégraissé
  > 2 clous de girofle
  > 2 étoiles de badiane
  > 2 feuilles de laurier
  > 2 c. à s. de fécule de maïs (toléré)
  > 800 g de courge muscade
  > 1 c. à c. de poudre de curry
  > Sel, poivre

Retirez la partie dure à la base de chaque bulbe de fenouil.

Pelez et émincez finement l'oignon. Épluchez les carottes et coupez-les en rondelles fines. Émincez les fenouils et le poireau. Dans une passoire, mettez les légumes et lavez-les. Détaillez la viande en gros morceaux. Faites revenir dans une sauteuse à revêtement antiadhésif la viande et l'oignon avec 2 cuillerées à soupe d'eau. Dès que la viande commence à dorer, recouvrez-la d'eau et émiettez le bouillon cube. Remuez bien. Ajoutez les légumes, les clous de girofle, la badiane et le laurier. Salez, poivrez et portez à ébullition. Remuez puis laissez mijoter à feu doux pendant 1 heure. Incorporez au dernier moment la fécule de maïs. Goûtez et réajustez l'assaisonnement si besoin.

Pendant ce temps, ôtez la peau de la courge. Coupez-la en dés de 1 cm. Faites-les revenir dans une poêle à revêtement antiadhésif avec un fond d'eau pendant 30 à 40 minutes. N'hésitez pas à remettre de l'eau dès qu'il n'y en a plus. Ajoutez le curry en fin de cuisson. Salez, poivrez. Écrasez un peu à la fourchette.

Disposez la blanquette dans les assiettes et servez avec la purée de courge muscade.

En consolidation, vous pouvez servir la blanquette avec du riz, du blé, etc.

Flan à la carotte

PHASE 2
PL

- **Pour 4 personnes**
- **Temps de préparation**
  15 minutes
- **Temps de cuisson**
  20 minutes
- **Ingrédients**
  > 200 g de carottes
  > 2 œufs entiers
  > 20 cl de fromage blanc à 0 % (ou 10 cl de fromage blanc à 0 % + 10 cl de crème fraîche à 3 %)
  > 1/4 de c. à c. de muscade en poudre
  > 1 bonne poignée d'emmental râpé à 5 % (toléré)
  > Un peu de persil
  > Sel, poivre

Préchauffez le four à 240 °C (th. 8) en enlevant la grille.

Pelez, lavez et râpez les carottes.

Dans un grand bol, fouettez les œufs, le fromage blanc, la muscade et l'emmental. Salez et poivrez (libre à vous de changer les épices en mettant soit du curry, soit du cumin, etc.).

Disposez les carottes râpées dans des ramequins préalablement huilés à l'aide d'un papier absorbant. Saupoudrez d'un peu de persil. Versez par-dessus la crème aux œufs.

Disposez les ramequins sur la grille et enfournez 20 minutes.

Laissez un peu refroidir, démoulez sur une assiette puis saupoudrez d'un peu de persil. N'hésitez pas à vous aider d'un couteau pour démouler.

Le flan à la carotte est excellent avec de la viande blanche.

PHASE 2
PL

Quiche aux champignons et au tofu soyeux

- **Pour 8 personnes**
- **Temps de préparation**
  20 minutes
- **Temps de cuisson**
  45 minutes
- **Ingrédients**
  > 600 g de champignons (mélanger champignons de Paris, rosés, pleurotes)
  > Un peu de persil
  > 400 g de tofu soyeux
  > 2 poignées d'emmental râpé à 5 % (toléré)
  > 1/2 c. à c. de poudre de muscade
  > 8 tomates-cerises
  > 4 œufs
  > Sel, poivre

Préchauffez le four à 240 °C (th. 8).

Lavez sous un filet d'eau les champignons puis séchez-les dans un torchon. Coupez-les en fines lamelles et faites-les revenir doucement dans une poêle à revêtement antiadhésif avec un peu de persil. Salez, poivrez.

Pendant ce temps, mélangez dans un saladier le tofu, les œufs, l'emmental et la muscade. Ajoutez les champignons dès qu'ils commencent à dorer. Mélangez bien et ajustez l'assaisonnement si besoin.

Versez dans un plat allant au four et disposez les tomates-cerises en les enfonçant légèrement. Saupoudrez d'un peu de persil.

Enfournez 40 minutes. Vérifiez la cuisson et poursuivez si besoin.

Vous pouvez accompagner la quiche d'une bonne salade.

PHASE 2 PL

Potimarron et bolognaise de veau

- **Pour 4 personnes**
- **Temps de préparation**
  15 minutes
- **Temps de cuisson**
  50 minutes
- **Ingrédients**
  > 2 potimarrons
  > 1 oignon
  > 400 g de veau haché
  > 250 g de coulis de tomate
  > 1/2 c. à c. de piment rouge doux en poudre
  > 1 bonne pincée de gingembre en poudre
  > Un peu de persil
  > Sel, poivre

Préchauffez le four à 240 °C (th. 8).

Coupez chaque potimarron en deux dans le sens de la longueur. Enlevez les graines à l'aide d'une cuillère à soupe. Mettez les moitiés au four pendant 20 minutes.

Pendant ce temps, épluchez et coupez finement l'oignon que vous mélangerez à la viande hachée. Faites revenir le tout dans une poêle à revêtement antiadhésif. Dès que la viande n'est plus rosée, ajoutez le coulis de tomate, les épices et le persil. Salez, poivrez.

Dès que les moitiés de potimarron ont fini de cuire, sortez-les du four et remplissez-les de la bolognaise de veau.

Enfournez à 240 °C (th. 8) 30 minutes.

PHASE 2
PL

Suprêmes cheeseburger au curry

- **Pour 2 personnes**
- **Temps de préparation**
  15 minutes
- **Temps de cuisson**
  15 minutes
- **Ingrédients**
  > 1 gros oignon
  > 1/2 c. à c. de curry
  > 1 belle tomate
  > Quelques feuilles de salade
  > 1 peu de cancoillotte 4 à 6 %
  – phase de croisière –
  ou 4 tranches de cheddar light
  – phase de consolidation
  > 2 tranches de jambon de poulet
  > Un peu de ketchup allégé (toléré)
  Pour le pain de mie Dukan
  > 2 bonnes c. à s. de son d'avoine
  > 1 bonne c. à s. de son de blé
  > 1 c. à c. de levure chimique
  > 2 c. à s. de fromage blanc à 0 %
  > 1 œuf entier + 2 blancs d'œufs

Mélangez dans un bol la totalité des ingrédients du pain de mie en intégrant dans l'ordre les sons, la levure, le fromage blanc et les œufs. Versez la préparation dans 2 petits moules ronds. Mettez 5 minutes au four à micro-ondes et laissez refroidir.

Épluchez et coupez en fines rondelles l'oignon. Faites-le revenir à la poêle avec un fond d'eau et le curry.

Lavez et coupez la tomate en rondelles. Lavez les feuilles de salade.

Dès que le pain de mie est refroidi, sortez-le des plats ronds, coupez-le en deux et mettez à griller les cercles de pains en position 6 du grille-pain.

Prenez une assiette et disposez les 2 tranches. Disposez sur chacune d'elles le fromage, les rondelles d'oignon au curry, les rondelles de tomate, les feuilles de salade. Mettez ensuite sur une des parties du suprême le jambon de poulet. Ajoutez un peu de ketchup allégé. Recouvrez de l'autre moitié de pain.

Renouvelez l'opération pour l'autre suprême. Vous n'avez plus qu'à savourer…

Chili con carne au tofu

PHASE 2 PL

- **Pour 2 personnes**
- **Temps de préparation**
  10 minutes
- **Temps de cuisson**
  20 minutes
- **Ingrédients**
  > 2 gousses d'ail
  > 2 oignons
  > 2 piments verts
  > 400 g de bœuf haché
  > 300 g de tofu
  > 1 boîte de 500 g de pulpe de tomate
  > 1 c. à s. de poudre de Chili
  > 1 feuille de laurier
  > 1/4 de c. à c. de cumin en poudre
  > Sel, poivre

Dans une poêle à revêtement antiadhésif, faites revenir à feu moyen l'ail haché, les oignons coupés finement, les piments verts détaillés en dés, le bœuf et le tofu émietté pendant 5 minutes.
Ajoutez tous les autres ingrédients et mélangez bien. Salez, poivrez.

Dès l'ébullition, couvrez, réduisez légèrement le feu et laissez mijoter 15 minutes.

Selon vos envies, vous pouvez accompagner ce plat de courgettes vapeur ou d'une bonne salade. À vous de voir selon vos envies.

Lasagnes d'aubergine au tofu

PHASE 2 PL

- **Pour 2 personnes**
- **Temps de préparation**
  25 minutes
- **Temps de repos**
  30 minutes
- **Temps de cuisson**
  35 minutes
- **Ingrédients**
  > 1 aubergine de taille moyenne
  > 1 courgette
  > 1 ou 2 tomate(s)
  > 100 g de tofu ferme aux fines herbes
  > 1 oignon
  > 1 gousse d'ail
  > 1/2 bouillon cube de volaille dégraissé
  > 1 c. à c. d'épices italiennes toutes prêtes
  > Un peu d'emmental râpé à 5 % (toléré)
  > Sel

Coupez l'aubergine en fines tranches et saupoudrez de sel pour faire dégorger pendant au moins 30 minutes. Rincez ensuite à l'eau froide et essuyez bien.

Préchauffez le four à 240 °C (th. 8).

Tranchez finement la courgette et la ou les tomates.

Coupez le tofu en fines tranches et émincez l'oignon et l'ail.

Dans une poêle à revêtement antiadhésif, faites griller quelques minutes les tranches d'aubergine avec 4 cuillerées à soupe d'eau et le 1/2 bouillon cube émietté, jusqu'à ce qu'elles soient légèrement dorées.

Faites de même avec les tranches de courgette et de tofu, séparément. Réservez.

Faites revenir l'oignon et l'ail 1 ou 2 minutes avec 2 cuillerées à soupe d'eau et ajoutez les tomates. Saupoudrez d'épices italiennes.

Dans un plat allant au four, disposez une première couche d'aubergine de façon à couvrir le fond. Disposez les courgettes par-dessus les aubergines. Faites une nouvelle couche avec les tranches de tofu et saupoudrez d'emmental râpé allégé. Ajoutez les tomates, les rondelles d'oignons et l'ail. Terminez par une couche avec le reste des aubergines. Enfournez 25 minutes. Cinq minutes avant la fin de la cuisson, saupoudrez d'un peu d'emmental râpé allégé.

Bœuf aux poivrons

PHASE 2 PL

- **Pour 2 personnes**
- **Temps de préparation**
  15 minutes
- **Temps de cuisson**
  20 minutes
- **Ingrédients**
  > 2 poivrons rouges
  > 1 poivron vert
  > 400 g de rumsteck
  > 2 échalotes
  > 1 c. à c. de sauce soja
  > Un peu d'herbes de Provence
  > Sel, poivre

Coupez et épépinez les poivrons. Coupez-les en fines lamelles.

Découpez la viande en dés.

Dans une cocotte à revêtement antiadhésif, faites revenir les échalotes ciselées et les morceaux de viande 5 à 10 minutes. Salez.

Ajoutez les lamelles de poivron et laissez cuire tout en remuant pendant 10 minutes. Deux minutes avant la fin de la cuisson, versez la sauce soja.

Salez, poivrez et saupoudrez d'herbes de Provence.

Poulet au curry et ses légumes

PHASE 3

- **Pour 2 personnes**
- **Temps de préparation**
  20 minutes
- **Temps de cuisson**
  1 h 10 minutes
- **Ingrédients**
  > 1 aubergine
  > 2 courgettes
  > 2 oignons
  > 1 c. à c. d'huile d'olive
  > 1 bouillon cube de volaille dégraissé
  > 1 boîte de 400 g de tomates concassées
  > 2 c. à c. de curry
  > 1 c. à s. de persillade toute prête
  > 2 escalopes de poulet
  > 1 pomme
  > 1 pincée de gingembre
  > 10 cl de crème liquide à 3 % (toléré)
  > Sel, poivre

Lavez et coupez en dés l'aubergine et les courgettes. Épluchez et émincez 1 oignon. Faites brunir les légumes pendant 20 minutes dans une poêle à revêtement antiadhésif avec l'huile d'olive et 4 cuillerées à soupe d'eau. N'hésitez pas à remettre un peu d'eau si cela accroche.

Ajoutez la moitié du bouillon cube émietté et les tomates concassées. Mélangez bien, ajoutez 1 cuillerée à café de curry et un peu de persillade. Salez et poivrez. Laissez mijoter 40 minutes à feu doux.

Coupez les escalopes de poulet en morceaux.

Épluchez et émincez l'oignon restant. Pelez et coupez la pomme en fines lamelles. Faites brunir l'oignon et la pomme dans une poêle à revêtement antiadhésif avec 4 cuillerées à soupe d'eau. Dès que c'est prêt, émiettez l'autre moitié du bouillon cube avec 4 cuillerées à soupe d'eau. Ajoutez les morceaux de poulet, laissez prendre un peu, incorporez le curry restant, le gingembre et laissez mijoter. Salez et poivrez légèrement.

Versez au dernier moment la crème liquide.

PHASE 3

Filets de rouget au basilic

- **Pour 3 personnes**
- **Temps de préparation**
  15 minutes
- **Temps de cuisson**
  10 minutes
- **Ingrédients**
  > 350 g de tomates
  > 1 gousse d'ail
  > 1 bouquet de basilic
  > 2 c. à c. d'huile d'olive
  > 6 filets de rouget barbet
  > 1 c. à s. de vinaigre balsamique
  > Sel, poivre

Lavez les tomates et coupez-les en petits dés réguliers.

Pelez l'ail.

Lavez, séchez et effeuillez le basilic. Hachez-le au hachoir électrique, puis ajoutez l'ail et 1 cuillerée à café d'huile d'olive. Broyez de nouveau pour obtenir une purée.

Essuyez les filets de rouget avec du papier absorbant. Badigeonnez-les au pinceau avec le reste d'huile d'olive. Faites chauffer une poêle à revêtement antiadhésif et mettez-y les filets à dorer 2 minutes de chaque côté à feu vif. Salez. Retirez les filets. Tenez-les au chaud.

Versez le vinaigre dans la poêle et grattez avec une spatule pour dissoudre les sucs. Laissez frémir 1 minute.
Ajoutez les tomates. Faites-les chauffer 2 minutes dans le jus de la poêle en remuant pour bien les enrober. Salez, poivrez.

Transvasez le contenu de la poêle dans un grand plat. Disposez les filets de rouget sur ce lit de tomates. Nappez-les de la purée de basilic, décorez éventuellement avec de beaux bouquets de basilic. Servez aussitôt.

PHASE 3

Coquilles Saint-Jacques normandes

- **Pour 2 personnes**
- **Temps de préparation**
  20 minutes
- **Temps de cuisson**
  20 minutes
- **Ingrédients**
  > 4 c. à c. de moutarde
  > 1 petit bouquet de fines herbes
  > 300 g de tomates
  > 1 belle pomme
  > 300 g de coquilles Saint-Jacques
  > 2 échalotes
  > 1 bonne pincée de paprika
  > 1 citron
  > 2 c. à s. de crème fraîche épaisse à 3 % (toléré)
  > 1 petit bouquet de persil haché
  > Sel, poivre

Préchauffez le four à 180 °C (th. 6).

Mélangez la moutarde avec les fines herbes, du sel et du poivre.

Enlevez un mince chapeau aux tomates et déposez ces dernières dans un plat à gratiner. Répartissez la préparation sur chaque tomate, remettez le chapeau et enfournez pendant 20 minutes.

Pendant ce temps, pelez et coupez la pomme en fines lamelles. Dans une poêle à revêtement antiadhésif, faites revenir les coquilles Saint-Jacques avec les lamelles de pomme. Ajoutez les échalotes ciselées et assaisonnez avec un peu de sel, de poivre et de paprika. Incorporez ensuite le jus du citron, puis la crème fraîche. Laissez réduire à feu très doux.

Déposez dans les assiettes avec une touche de persil haché et ajoutez les tomates grillées.

PHASE 3

Poulet au lait de coco et ses haricots au tofu

- **Pour 2 personnes**
- **Temps de préparation**
  10 minutes
- **Temps de cuisson**
  15 minutes
- **Ingrédients**
  > 1 poivron vert
  > 2 escalopes de poulet
  > 200 ml de lait de coco
  > 1 c. à c. de curry en poudre
  > 100 à 150 g de tofu nature
  > 2 fagots de haricots verts
  > Un peu de graines de sésame et de pavot
  > Sel, poivre

Lavez et épépinez le poivron. Coupez-le en fines lamelles.

Faites revenir les escalopes avec le lait de coco et le curry dans une poêle à revêtement antiadhésif. Ajoutez le poivron.

Coupez le tofu en dés. Dans une autre poêle, faites revenir doucement les fagots de haricots et le tofu avec un peu de sauce au lait de coco. Salez et poivrez un peu.

Présentez en assiettes les escalopes avec un peu de sauce au lait de coco et un peu de poivrons.

Disposez ensuite les fagots et les dés de tofu nature.

Terminez par une touche de graines de pavot et de sésame sur les dés de tofu nature.

PHASE 3

Crevettes et poulet sauce coco aux épices

- **Pour 2 personnes**
- **Temps de préparation**
  20 minutes
- **Temps de cuisson**
  20 minutes
- **Ingrédients**
  > 1 escalope de poulet
  > 300 g de crevettes roses
  > 2 gousses d'ail
  > 1 oignon
  > 1 c. à c. de poudre de curry
  > 1/2 c. à c. de piment doux rouge en poudre
  > 200 ml de lait de coco
  > 6 asperges blanches
  > Sel, poivre

Coupez l'escalope de poulet en morceaux et faites-la revenir à feu doux dans une poêle à revêtement antiadhésif avec un fond d'eau. Dès que l'eau s'est évaporée, ajoutez les crevettes préalablement décortiquées. Laissez à feu doux pendant 1 minute en remuant à l'aide d'une cuillère en bois.

Pelez l'ail et l'oignon. Passez le tout au mini-hachoir.

Mettez 4 cuillerées à soupe d'eau dans une sauteuse et ajoutez le mélange ail/oignon. Faites chauffer doucement pendant 1 minute, puis ajoutez les épices. Salez et poivrez un peu. Terminez par le lait de coco. Laissez mijoter pendant 5 minutes en remuant de temps en temps.

Ajoutez les crevettes et les morceaux de poulet puis mélangez. Laissez chauffer 5 minutes à feu doux.

Faites chauffer les asperges déjà cuites soit à la poêle pendant 5 minutes, soit au four à micro-ondes pendant 1 minute.

Disposez les asperges dans des assiettes et ajoutez le mélange crevettes et poulet sauce coco aux épices.

Les desserts

Glace au muesli

PHASE 1

- **Pour 2 personnes**
- **Temps de préparation**
  15 minutes
- **Temps de cuisson**
  15 minutes
- **Temps de congélation**
  4 heures
- **Ingrédients**
  > 1/4 de litre de lait écrémé
  > 1/2 gousse de vanille
  > 4 c. à s. de son d'avoine
  > 3 c. à s. d'édulcorant en poudre (ou plus selon convenance)
  > 1 œuf entier
  > 2 petits-suisses à 0 %
  > 20 gouttes d'arôme d'orange note Grand Marnier

Faites bouillir le lait dans une casserole avec la demi-gousse de vanille fendue et grattée. Hors du feu, ajoutez le son d'avoine et 1 cuillerée à soupe d'édulcorant en poudre. Mélangez bien. Remettez le tout sur petit feu et faites épaissir le son. Incorporez l'œuf battu en omelette. Retirez du feu.

Dans un grand bol, mélangez les petits-suisses avec le reste d'édulcorant et l'arôme. Incorporez le mélange au son.

Disposez la préparation dans des verres et laissez refroidir à température ambiante 30 minutes.

Le temps écoulé, mettez le tout au congélateur pendant 4 heures minimum. Remuez toutes les heures pour éviter la formation de cristaux.

PHASE 2
PP/PL

Soufflé glacé au chocolat

- **Pour 8 personnes**
- **Temps de préparation**
  15 minutes
- **Temps de cuisson**
  5 minutes
- **Temps de congélation**
  8 heures
- **Ingrédients**
  > 8 c. à s. de cacao en poudre dégraissé (toléré)
  > 1 c. à c. d'arôme de café
  > 2 œufs
  > 3 feuilles de gélatine
  > 1 pincée de sel
  > 10 c. à s. de fromage blanc à 0 %
  > 4 c. à s. d'édulcorant en poudre

Dans une casserole, faites chauffer légèrement le cacao en poudre avec 10 cl d'eau et l'arôme de café. Hors du feu, ajoutez 2 jaunes d'œufs et la gélatine préalablement ramollie dans de l'eau.

Montez les blancs en neige avec la pincée de sel.

Mélangez au batteur le fromage blanc et l'édulcorant. Ajoutez la préparation au cacao. Remuez bien, puis incorporez délicatement les blancs en neige. Versez la préparation dans des cercles en Inox ou des ramequins, puis placez-les au congélateur pendant 8 heures.

Sortez les soufflés 10 minutes avant de servir.

Mousse aérienne à la pistache

PHASE 2 PP/PL

- **Pour 8 à 10 verres**
- **Temps de préparation**
  15 minutes
- **Temps de cuisson**
  10 minutes
- **Temps de réfrigération**
  4 heures
- **Ingrédients**
  > 3 feuilles de gélatine
  > 2 à 3 c. à s. d'édulcorant (selon votre convenance)
  > 2 c. à c. d'arôme de pistache
  > 5 gouttes de colorant vert (facultatif)
  > 4 blancs d'œufs
  > 1 pincée de sel
  > 400 g de fromage blanc à 0 %

Faites tremper les feuilles de gélatine 5 minutes dans l'eau froide.

Mettez l'édulcorant dans une casserole et ajoutez 4 cuillerées à soupe d'eau. Portez à ébullition et laissez bouillir 2 minutes. Ajoutez ensuite l'arôme de pistache, les feuilles de gélatine égouttées et le colorant. Mélangez et retirez du feu.

Dans un saladier, battez les blancs d'œufs en neige avec une pincée de sel. Ajoutez le sirop aromatisé en mince filet sans cesser de fouetter. Incorporez délicatement le fromage blanc pour ne pas casser les blancs.

Répartissez la préparation dans les verres et réservez 4 heures au réfrigérateur.

Crème tofuchoc

PHASE 2
PP/PL

- **Pour 6 à 8 verres**
- **Temps de préparation**
  5 minutes
- **Temps de réfrigération**
  1 heure
- **Ingrédients**
  > 200 g de tofu soyeux
  > 4 c. à s. de fromage blanc à 0 %
  > 2 yaourts à la vanille à 0 %
  > 2 c. à c. de cacao dégraissé (toléré)
  > 2 c. à s. d'édulcorant ou plus selon votre goût

Passez au mixeur le tofu, le fromage blanc, les yaourts, le cacao dégraissé et l'édulcorant pour obtenir un mélange onctueux.

Versez dans des verres et mettez au frais pendant 1 heure.

Compote de rhubarbe

PHASE 2
PL

- **Pour 6 personnes**
- **Temps de préparation**
  10 minutes
- **Temps de repos**
  15 minutes
- **Temps de cuisson**
  30 minutes
- **Ingrédients**
  > 1 kg de rhubarbe
  > 6 c. à s. d'édulcorant ou plus selon votre goût
  > 20 gouttes d'arôme vanille ou autre parfum (suivant les arômes, commencez par 10 gouttes, goûtez et ajoutez si besoin)

Lavez rapidement votre rhubarbe et taillez-la, sans la peler, en tronçons de 1 à 2 cm d'épaisseur.

Mettez les morceaux dans une casserole et saupoudrez-les avec l'édulcorant. Laissez dégorger 10 à 15 minutes.

Quand la rhubarbe a rendu une partie de son liquide, faites cuire à feu doux dans le jus obtenu en remuant régulièrement. Laissez compoter ainsi une trentaine de minutes, jusqu'à ce que la consistance vous convienne. Ajoutez l'arôme en fin de cuisson. Laissez refroidir un peu, puis mixez la compote.

La tropézienne

PHASE 2
PP/PL

- **Pour 6 personnes**
- **Temps de préparation**
  25 minutes
- **Temps de cuisson**
  30 minutes
- **Temps de réfrigération**
  1 h 30
- **Ingrédients**
  > 2 feuilles de gélatine
  > 1/2 litre de lait écrémé
  > 1 gousse de vanille
  > 3 œufs
  > 2 c. à s. d'édulcorant
  > 2 c. à s. de fécule de maïs (toléré)
  > 1 c. à s. d'arôme de rhum
  > 1 sachet de gélatine en poudre (6 g)
  > Sel

  Pour la pâte
  > 3 c. à s. de son d'avoine
  > 1 c. à s. de fécule de maïs (toléré)
  > 1 c. à s. de lait écrémé en poudre
  > 2 œufs
  > 1 yaourt nature à 0 %
  > 1 petit-suisse à 0 %
  > 1/2 sachet de levure chimique
  > 2 c. à s. d'édulcorant
  > 1/2 c. à s. d'arôme de fleur d'oranger

Préchauffez le four à 180 °C (th. 6).

Mélangez tous les ingrédients de la pâte. Versez dans un moule en silicone. Faites cuire au four pendant 20 minutes. Laissez refroidir.

Mettez à ramollir les feuilles de gélatine dans l'eau froide. Faites chauffer le lait jusqu'à ébullition avec la gousse de vanille fendue et grattée.

Pendant ce temps, dans un saladier, mélangez les jaunes d'œufs, l'édulcorant, la fécule de maïs et l'arôme. Réservez les blancs pour la suite.

Retirez le lait et incorporez-y les feuilles de gélatine. Versez le lait sur le mélange en continuant de bien remuer. Remettez le tout dans une casserole. Faites épaissir à feu doux tout en tournant avec une cuillère en bois. Avant ébullition et dès que le mélange est consistant, retirez-le du feu. Réservez au frais.

Divisez le gâteau en deux dans d'épaisseur.

Montez les blancs en neige avec 1 pincée de sel puis, en fin de parcours, ajoutez la gélatine en poudre diluée dans un peu d'eau. Incorporez les blancs au mélange précédent. Laissez prendre 1 heure au frais puis répartissez la mousse sur une moitié du gâteau. Recouvrez avec l'autre partie.

Pain d'épice

PHASE 2
PP/PL

- **Pour 6 à 8 personnes**
- **Temps de préparation**
  10 minutes
- **Temps de cuisson**
  45 minutes
- **Ingrédients**
  > 8 c. à s. de son d'avoine
  > 4 c. à s. de son de blé
  > 2 c. à s. de lait écrémé en poudre
  > 1 sachet de levure chimique
  > 6 c. à s. de fromage blanc à 0 %
  > 3 œufs entiers + 3 blancs d'œufs
  > 2 c. à s. de mélange d'épices pour pain d'épice (cannelle, anis, muscade, gingembre, girofle)
  > 2 c. à s. d'édulcorant liquide

Préchauffez votre four à 180 °C (th. 6).

Dans un saladier, mélangez les sons, le lait en poudre et la levure. Ajoutez le fromage blanc en remuant bien, puis ajoutez les œufs entiers et les 3 blancs d'œufs. Remuez jusqu'à obtenir une préparation homogène. Incorporez les épices et l'édulcorant. Versez dans un plat allant au four préalablement huilé à l'aide d'un papier absorbant.

Enfournez pendant 45 minutes. Vérifiez la cuisson en piquant la pointe d'un couteau ; elle doit ressortir sèche.

PHASE 2
PL

Crèmes au fromage frais

- **Pour 6 personnes**
- **Temps de préparation**
  20 minutes
- **Temps de cuisson**
  30 minutes
- **Temps de réfrigération**
  5 heures
- **Ingrédients**
  > 6 feuilles de gélatine
  > 1 litre de lait écrémé
  > 2 mandarines non traitées
  > 1 c. à c. de cannelle en poudre
  > 2 gousses de vanille
  > 4 jaunes d'œufs
  > 4 c. à s. d'édulcorant en poudre (ou plus selon votre goût)
  > 8 carrés de fromage frais à 0 %
  > 10 cl de crème fraîche semi-épaisse à 3 % (toléré et facultatif)
  > 1 c. à s. d'arôme mandarine
  > 1 c. à c. d'arôme orange

Faites tremper les feuilles de gélatine 5 minutes dans l'eau froide.

Dans une casserole, mettez le lait, le zeste des mandarines, la cannelle et les gousses de vanille fendues en deux et grattées. Portez à ébullition et laissez infuser 20 minutes.

Dans un grand bol, battez les jaunes d'œufs avec l'édulcorant, le fromage frais, la crème allégée et les arômes.

À l'aide d'un chinois, versez le lait chaud sur les jaunes en mélangeant vivement. Faites chauffer à feu doux la préparation, sans cesser de remuer à l'aide d'une spatule en bois, jusqu'à l'obtention d'une crème nappante.

Hors du feu, incorporez la gélatine dans la préparation chaude. Laissez refroidir à température ambiante. Versez le tout dans des verrines. Laissez refroidir à température ambiante, puis réservez 5 heures au frais.

Vous pouvez varier les plaisirs en utilisant de l'arôme de pistache avec le zeste d'un gros citron.

Mousse pulp au citron

PHASE 2
PL

- **Pour 6 personnes**
- **Temps de préparation**
  15 minutes
- **Temps de cuisson**
  20 minutes
- **Temps de réfrigération**
  30 minutes
- **Ingrédients**
  > 3 citrons non traités
  > 3 œufs
  > 3 c. à s. d'édulcorant en poudre (ou plus selon votre convenance)
  > 3 c. à s. de fécule de maïs (toléré)
  > 500 ml de lait écrémé

Prélevez le zeste de l'un des citrons. Pressez les trois. Mettez le zeste et le jus dans une casserole. Ajoutez les jaunes d'œufs et l'édulcorant. Mélangez bien et incorporez la fécule de maïs, tout en délayant progressivement. Faites chauffer le mélange, en remuant à l'aide d'une cuillère en bois. Laissez épaissir, puis ajoutez au fur et à mesure le lait écrémé. Remuez et faites épaissir. Ôtez du feu et laissez tiédir.

Battez les blancs en neige très ferme. Incorporez délicatement au mélange précédent. Versez dans des ramequins ou des coupes et réservez 30 minutes au réfrigérateur avant de servir.

Petits roulés à la crème Grand Marnier

PHASE 2 PP/PL

- **Pour 6 personnes**
- **Temps de préparation**
  15 minutes
- **Temps de cuisson**
  25 minutes
- **Temps de réfrigération**
  2 heures
- **Ingrédients**
  > 3 œufs
  > 3 c. à s. de son d'avoine
  > 1 c. à s. de lait écrémé en poudre
  > 2 petits-suisses à 0 %
  > 1 c. à s. de fécule de maïs (toléré)
  > 1/2 sachet de levure chimique
  > 1 c. à c. d'arôme vanille
  > 2 c. à s. d'édulcorant en poudre
  > Un peu de cacao dégraissé (toléré)
  Pour la crème
  > 2 feuilles de gélatine
  > 1/4 de litre de lait écrémé
  > 2 jaunes d'œufs
  > 1 c. à s. d'édulcorant en poudre
  > 1 c. à s. de fécule de maïs (toléré)
  > 1 c. à c. d'arôme d'orange
  note Grand Marnier

Laissez ramollir les feuilles de gélatine dans l'eau froide pendant 5 minutes. Faites bouillir le lait. Mélangez les jaunes d'œufs, l'édulcorant, la fécule et l'arôme dans un bol.

Retirez le lait du feu et ajoutez-y la gélatine. Mélangez bien. Versez doucement le lait à la préparation d'œufs en remuant à l'aide d'une cuillère en bois. Reversez le tout dans la casserole et faites épaissir. Laissez refroidir à température puis 2 heures au réfrigérateur.

Deux heures après, vous pouvez préparer le biscuit. Préchauffez le four à 160 °C (th. 5-6) sans la grille.

Séparez les jaunes des blancs d'œufs. Incorporez aux jaunes le son, le lait, les petits-suisses, la fécule, la levure, l'arôme et l'édulcorant. Mélangez énergiquement au fouet. Incorporez-y les blancs montés en neige. Mettez le plat en silicone (plus facile pour démouler) sur la grille et étalez la préparation du biscuit. Enfournez et laissez cuire jusqu'à ce que le biscuit soit bien doré. Démoulez sur un torchon humide et roulez immédiatement. Laissez tiédir, puis déroulez-le. Répartissez la crème et roulez le tout délicatement.

Au moment de servir, coupez les extrémités du roulé, puis coupez-le en 6 parts. Disposez dans des assiettes et saupoudrez légèrement de cacao dégraissé (toléré).

Verrines de mousse aux deux citrons

PHASE 2 PL

- **Pour 6 personnes**
- **Temps de préparation**
  25 minutes
- **Temps de cuisson**
  35 minutes
- **Temps de réfrigération**
  2 h 30
- **Ingrédients**
  > 4 c. à s. d'édulcorant en poudre
  > 1 citron non traité
  > 1 citron vert non traité

  Pour la mousse
  > 2 citrons non traités
  > 2 feuilles de gélatine
  > 4 œufs entiers
  > 3 c. à s. d'édulcorant en poudre
  > 15 cl de lait écrémé
  > 1 pincée de sel
  > 6 meringues Dukan (facultatif)

Mélangez l'édulcorant et 5 cl d'eau. Faites chauffer à feu doux et réservez.

Coupez 1 citron jaune et 1 citron vert en très fines rondelles et épépinez-les. Coupez-les en quatre. Mettez-les à bouillir à feu doux, près de 20 minutes dans le sirop. Laissez refroidir, puis égouttez. Réservez les citrons confits pour la décoration ainsi que 2 cuillerées à soupe de sirop pour les blancs en neige.

Râpez le zeste des citrons. Mettez-le de côté dans une coupelle. Pressez le jus et réservez-le.

Faites ramollir les feuilles de gélatine dans l'eau froide.

Préparez la crème : battez 2 œufs entiers et 2 jaunes avec l'édulcorant, jusqu'à ce que le mélange devienne mousseux (réservez les blancs). Ajoutez le zeste et le jus de citron et laissez un peu épaissir à feu doux dans une casserole. Versez tout doucement le lait. Retirez du feu et incorporez les feuilles de gélatine.

Montez les blancs en neige avec 1 pincée de sel. Sur la fin, mélangez doucement 2 cuillerées à soupe de sirop puis incorporez-les à la crème.

Pour monter les verrines, écrasez les meringues et répartissez-les dans les verres. Couvrez-les d'une couche de mousse et décorez le tout avec les citrons confits. Réservez au réfrigérateur au moins 2 h 30 avant de servir.

PHASE 3

Crème brûlée vanille-noisette, petits dés de fraise

- **Pour 6 grands ramequins**
- **Temps de préparation**
  15 minutes
- **Temps de cuisson**
  40 minutes
- **Temps de réfrigération**
  1 heure
- **Ingrédients**
  > 50 cl de lait écrémé
  > 1 gousse de vanille
  > 4 jaunes d'œufs
  > 6 c. à s. d'édulcorant en poudre
  > 1/2 c. à c. d'arôme de noisette grillée
  > 12 fraises
  > 20 cl de crème fraîche semi-épaisse à 3 % (toléré)

Versez dans une casserole le lait écrémé et la gousse de vanille fendue en deux et grattée. Portez à ébullition. Laissez infuser 5 à 10 minutes et retirez la gousse de vanille.

Ôtez la grille du four et préchauffez à 180 °C (th. 6).

Dans un grand bol, mélangez les jaunes d'œufs avec l'édulcorant et l'arôme de noisette grillée.

Lavez et coupez les fraises en petits dés. Disposez-les dans les ramequins.

Mélangez bien à la cuillère le lait chaud aux jaunes d'œufs et ajoutez la crème fraîche. Versez la préparation sur les dés de fraise, disposez sur la grille et enfournez 30 minutes.

Laissez refroidir à température ambiante, puis placez au réfrigérateur pendant 1 heure.

Ananas et sa crème anglaise glacée

PHASE 3

- **Pour 2 personnes**
- **Temps de préparation**
  15 minutes
- **Temps de cuisson**
  20 minutes
- **Temps de congélation**
  3 heures
- **Ingrédients**
  > 20 cl de lait écrémé
  > 1 gousse de vanille
  > 3 jaunes d'œufs
  > 3 c. à s. d'édulcorant en poudre
  > 20 gouttes d'arôme de rhum blanc
  > 2 belles tranches d'ananas pain de sucre

Dans une casserole, mettez le lait et la gousse de vanille fendue en deux et grattée. Portez à ébullition.

Dans un grand bol, battez les jaunes d'œufs avec l'édulcorant en poudre et l'arôme de rhum blanc. Versez le lait chaud sur les jaunes en mélangeant vivement. Faites chauffer à feu doux la préparation, sans cesser de remuer à l'aide d'une spatule en bois, jusqu'à l'obtention d'une crème nappante. Versez le tout dans des pots.

Laissez refroidir à température ambiante, puis placez 3 heures au congélateur.

Au moment de servir le dessert, préparez l'ananas. Sortez la crème du congélateur. Disposez le tout dans une assiette et dégustez.

PHASE 3

Clafoutis pistache-abricot

- **Pour 6 personnes**
- **Temps de préparation**
  10 minutes
- **Temps de cuisson**
  45 minutes
- **Ingrédients**
  > 4 œufs
  > 30 g de farine complète de blé
  > 40 cl de lait écrémé
  > 3 c. à s. d'édulcorant
  > 1 c. à c. de levure chimique
  > 2 c. à s. d'arôme de pistache
  > 28 oreillons d'abricot

Préchauffez le four à 180 °C (th. 6).

Battez les œufs en omelette avec la farine, le lait, l'édulcorant, la levure et l'arôme.

Disposez les oreillons d'abricot en rangs dans un plat à revêtement antiadhésif et nappez avec la préparation. Enfournez et laissez cuire pendant 45 minutes. Vérifiez la cuisson du clafoutis et laissez plus longtemps si besoin.

Sortez du four et laissez tiédir avant de déguster.

Compote aux épices

PHASE 3

- **Pour 4 personnes**
- **Temps de préparation**
  25 minutes
- **Temps de cuisson**
  30 minutes
- **Ingrédients**
  > 1 orange
  > 1 kg de pommes
  > 1 bâton de cannelle
  > 1 clou de girofle
  > 3 c. à s. de son d'avoine
  > 2 capsules de cardamome

Pelez l'orange et détaillez-la en quartiers.

Épluchez les pommes, puis coupez-les en petits cubes.

Faites légèrement griller la cannelle, le clou de girofle, le son d'avoine et les graines des capsules de cardamome à sec dans une sauteuse à revêtement antiadhésif. Ajoutez l'orange et les pommes.

Faites cuire à couvert à feu moyen jusqu'à ce que les pommes s'écrasent toutes seules.

PHASE 3

Panacotta vanille, sirop balsamique et petites framboises

- **Pour 4 personnes**
- **Temps de préparation**
  15 minutes
- **Temps de cuisson**
  20 minutes
- **Temps de réfrigération**
  8 heures
- **Ingrédients**
  > 4 feuilles de gélatine
  > 50 cl de lait écrémé
  > 2 gousses de vanille
  > 4 jaunes d'œufs
  > 4 c. à s. d'édulcorant en poudre
  > 20 cl de crème liquide à 3 % (toléré)
  > Sirop de vinaigre balsamique
  > 20 framboises (ou plus pour les gourmandes et gourmands)

Faites ramollir la gélatine pendant 5 minutes dans de l'eau froide.

Dans une casserole, faites bouillir le lait avec les gousses de vanille fendues et grattées.

Battez dans un bol les jaunes d'œufs avec 2 cuillerées à soupe d'édulcorant en poudre. Enlevez les gousses et versez le lait sur les jaunes en mélangeant. Remettez le tout dans une casserole. Faites chauffer à feu doux, sans cesser de remuer à l'aide d'une spatule en bois, jusqu'à l'obtention d'une crème nappante.

Hors du feu, incorporez la gélatine. Laissez refroidir à température ambiante.

Mélangez au batteur la crème et l'édulcorant restant dans un saladier. Ajoutez à la préparation précédente. Versez le tout dans des coupes et laissez reposer à température ambiante puis au réfrigérateur pendant 8 heures.

Au moment de servir, démoulez dans des assiettes à dessert et versez en filet du sirop de vinaigre balsamique. Décorez avec les framboises.

Astuces : pour démouler facilement une panacotta, il faut faire un appel d'air. Pour le sirop de vinaigre balsamique, il faut 5 litres de vinaigre que l'on fait bouillir pour obtenir 1 litre de sirop (pensez à aérer car cela sent fort). Il en existe aussi du tout fait.

PHASE 3

Soja entre deux fraises

- **Pour 2 personnes**
- **Temps de préparation**
  10 minutes
- **Temps de réfrigération**
  10 minutes
- **Ingrédients**
  > 100 g de fraises
  > 1/2 citron
  > Édulcorant (selon votre goût)
  > 2 yaourts au soja à la vanille ou 2 yaourts au soja nature avec édulcorant vanille

Rincez et équeutez les fraises.
Mixez-les avec le jus du demi-citron et l'édulcorant.
Goûtez, ajustez si besoin et réservez au frais pendant 10 minutes.

Versez un peu de coulis de fraise dans chaque ramequin.
Ajoutez 1 yaourt puis terminez par du coulis.

Confiture d'abricot

PHASE 3

- **Pour 1 pot**
- **Temps de préparation**
  15 minutes
- **Temps de cuisson**
  15 minutes
- **Ingrédients**
  > 300 g d'abricots bien mûrs
  > 4 c. à s. d'édulcorant
  (plus ou moins selon votre goût)
  > Un peu de cannelle en poudre
  > 1/2 c. à c. d'agar-agar

Lavez et coupez les abricots en quatre. Mettez-les dans une casserole avec l'édulcorant et la cannelle en poudre. Portez à ébullition, baissez et laissez mijoter 5 minutes.

Ajoutez l'agar-agar et faites cuire 1 minute à feu doux en remuant bien. Écrasez légèrement la préparation à l'aide d'une fourchette.

Mettez aussitôt en pot. Fermez à l'aide d'un film alimentaire et d'un élastique puis mettez le couvercle.

Îles flottantes note moka

PHASE 3

- **Pour 4 personnes**
- **Temps de préparation**
  15 minutes
- **Temps de cuisson**
  20 minutes
- **Temps de réfrigération**
  1 heure
- **Ingrédients**
  > 38 cl de lait demi-écrémé concentré non sucré à 4 %
  > 10 cl de lait écrémé
  > 1 gousse de vanille ou 1 c. à c. d'arôme de vanille
  > 4 œufs
  > 1 c. à c. d'arôme de café moka
  > 4 c. à s. d'édulcorant en poudre
  > 1 à 2 c. à c. de fécule de maïs (toléré)

Faites bouillir dans une casserole le lait concentré et le lait écrémé avec la gousse de vanille fendue en deux et grattée.

Séparez les jaunes d'œufs des blancs. Dans un saladier, montez les blancs en neige avec l'arôme de café moka et 2 cuillerées à soupe d'édulcorant en poudre.

Formez des quenelles de blancs en neige à l'aide d'une cuillère à soupe et mettez-les au four à micro-ondes pendant 1 minute (puissance 800/900 W). Disposez-les sur du papier absorbant et laissez-les refroidir à température ambiante.

Mélangez dans un bol les jaunes d'œufs, l'édulcorant restant et la fécule de maïs. Versez doucement le lait chaud. Remettez le tout dans la casserole sur feu doux. Remuez jusqu'à l'obtention d'une crème nappante. Laissez refroidir à température ambiante puis au réfrigérateur pendant 1 heure.

Versez la crème dans des coupes, puis disposez les blancs par-dessus.

PHASE 3

Pommes surprise à la cannelle

- **Pour 4 personnes**
- **Temps de préparation**
  15 minutes
- **Temps de cuisson**
  25 minutes
- **Ingrédients**
  > 4 belles pommes golden
  > 1 œuf
  > 200 g de faisselle à 0 %
  > 2 c. à s. d'édulcorant
  > 1 c. à c. de cannelle en poudre
  > 1 c. à c. d'extrait de vanille liquide

Préchauffez votre four à 180 °C (th. 6).

Coupez un chapeau à chaque pomme, évidez-les grossièrement sans les percer.

Dans un saladier, battez l'œuf, la faisselle égouttée, l'édulcorant, la cannelle et l'extrait de vanille.

Remplissez les pommes du mélange. Remettez les chapeaux sur les pommes, enveloppez de papier sulfurisé.

Déposez sur une plaque de cuisson et enfournez pendant 25 minutes.

Servez et dégustez tiède.

Bibliographie

Mon secret minceur et santé,
J'ai lu, 2009.

Les recettes Dukan : mon régime en 350 recettes,
J'ai lu, 2008.

Les hommes préfèrent les rondes : garder la forme en gardant ses formes,
J'ai lu, 2008.

Evaluator : 1140 aliments évalués,
le Cherche Midi, 2007.

Les recettes Dukan : mon régime en 350 recettes,
Flammarion, 2007

Evaluator 2005 : 1140 aliments testés,
le Cherche Midi, 2005.

Je ne sais pas maigrir,
J'ai lu, 2003

Les hommes préfèrent les rondes,
le Cherche Midi, 2003.

Dictionnaire de diététique et de nutrition,
LGF, 2002.

Je ne sais pas maigrir,
Flammarion, 2001.

Dictionnaire de diététique et de nutrition,
le Cherche Midi, 1998.

Pour en finir avec la cellulite,
Grancher, 1992.

Maigrir et rester mince,
Belfond, 1987.

L'après maigrir,
Belfond, 1985.

Maigrir, l'arme absolue,
Belfond, 1983.

Les hommes préfèrent les rondes,
Marabout, 1982.

SITE INTERNET
www.regimedukan.com

Remerciements

Mes remerciements vont à tous ceux qui m'ont aidé tout au long de ma vie pour construire cette méthode. Et par-dessus tout à mes lecteurs et patients qui, anonymes et bénévoles, se sont portés spontanément volontaires pour la faire connaître.

Et parmi eux, l'une des plus exceptionnelles, aussi talentueuse que compétente et encore bien moins que modeste : Carole Kitzinger sans qui, ce livre n'aurait jamais vu le jour.

Et puisque l'on est aux remerciements, je veux associer Vahinée, qui connaît ma méthode peut-être mieux que moi-même.

Nathalie, Christine, Laetitia, Camelia et Isabelle, des prénoms pour vous mais pour moi des étoiles.

Avec la collaboration de Sioux Berger
Adaptation graphique et mise en pages : Alice Leroy

ISBN : 978-2-0812-2373-8
N° d'édition : L.01EPMN000310.B018
Dépôt légal : mars 2009
editions.flammarion.com
Imprimé en france par Pollina en août 2010 - n° L55010